# L'UNIVERS,

ou

# HISTOIRE ET DESCRIPTION

## DE TOUS LES PEUPLES,

### DE LEURS RELIGIONS, MŒURS, COUTUMES, ETC.

# AFGHANISTAN.

## CHAPITRE I.

### DESCRIPTION GÉOGRAPHIQUE DE L'AFGHANISTAN.

§. I. Position géographique et frontières.

Il est très-difficile de déterminer les limites de l'Afghanistan [1]. Jadis la domination des princes de ce pays dont la résidence est fixée à Caboul, circonstance qui fait souvent donner à l'Afghanistan le nom de royaume de Caboul, s'étendait sur tout l'espace compris entre Sirhind, à cent cinquante milles [2] environ de Delhi, dans l'Indoustan, et Meshed, situé dans le Khorassan, à peu près à la même distance de la mer Caspienne. En largeur, l'empire afghan s'étendait alors depuis l'Oxus jusqu'au golfe Persique.

Mais ce grand empire a depuis été bien réduit par les événements. Au nord-ouest il a perdu le Khorassan,

la principauté aujourd'hui indépendante d'Hérat, et le Khoundouz ; à l'est et au midi il a perdu la vallée de Cachemir, une partie du Pendjab, le Moultan, réunis aujourd'hui sous le sceptre du prince de Lahore ; à l'ouest enfin il a perdu le Sind, tributaire aujourd'hui de l'empire britannique dans l'Inde, et le Beloutchistan, qui, après s'être déclaré indépendant et avoir même enlevé aux princes afghans les provinces du Cotch-Gondava, de Peshîn, de Châl, semble aujourd'hui sur le point de tomber sous la suzeraineté de l'Angleterre.

Le royaume actuel de Caboul, tel qu'il a été constitué à la suite des événements de 1839, n'occupe donc plus qu'un espace assez restreint, comparé à ce qu'il fut jadis. Cependant il doit toujours être appelé Afghanistan ; car, en réalité, il comprend encore tout le pays habité par la population et les tribus de race afghane.

En prenant une carte de l'Asie, si l'on y promène ses regards depuis le golfe du Bengal jusqu'à Hérat, on voit tout cet espace borné au nord par une chaîne de montagnes les plus hautes du globe, dont presque tous les sommets sont couverts de neiges éternelles, et du haut desquels descendent de très-grands fleuves. Cette chaîne commence près le Barrampou-

[1] Afghanistan veut dire pays habité par les Afghans.

[2] Les renseignements qui ont servi à la rédaction de cette notice étant presque exclusivement tirés des voyageurs anglais, c'est en milles anglais que nous énoncerons quelquefois les distances. On compte soixante-neuf milles et demi anglais au degré géographique ; c'est-à-dire qu'il en faut presque trois pour faire une lieue commune de France de vingt-cinq au degré.

ter, et se dirige d'abord par le nord-nord-ouest jusqu'à Cachemir. Dans cette partie les indigènes l'appellent Hemaleh, et les Européens Himalayah. A partir de Cachemir, sa direction change pour le nord-ouest jusqu'au pic neigeux de l'Hindou-Kouch, situé au nord, et presque sous le méridien de la ville de Caboul. A partir de l'Hindou-Kouch, la direction générale de la chaîne s'altère encore ; elle va de l'est à l'ouest. La hauteur des montagnes diminue ; elles ne portent plus de neiges éternelles, et vont en s'abaissant successivement jusqu'à Hérat. De Cachemir à l'Hindou-Kouch, c'est cette montagne qui donne son nom à toute la fraction de la chaîne comprise entre ces deux points ; mais, depuis l'Hindou-Kouch jusqu'à Hérat, elle n'a pas de nom générique, du moins chez les indigènes ; et c'est pour cela que nous lui conserverons le nom de Paropamisus, qui lui fut donné par les Grecs.

C'est la partie occidentale de cette grande chaîne qui forme la frontière septentrionale de l'Afghanistan, depuis Hérat, (60° de longitude E. du méridien de Paris) jusqu'au lieu où elle est coupée par les eaux de l'Indus sous le 72° de long. E. Ces deux points sont, à quelques minutes près, situés sous le même parallèle, le 35° de latitude nord, c'est-à-dire à peu près sous la même latitude que Téheran, en Perse, le pachalic de Tripoli de Syrie, les îles de Chypre et de Candie, le Maroc, la Caroline du Nord aux États-Unis, et Yezdo, la capitale du Japon.

La frontière orientale et méridionale du royaume de Caboul est aujourd'hui dessinée exactement par le cours de l'Indus, depuis sa sortie des vallées de l'Himalayah jusqu'à la limite du territoire de Dera-Ghazi-Khan, sous le 29° de lat. N. et le 68° de long. E. Cependant il faut en distraire la province de Pechaver, conquise depuis 1830 par le Maha-radja-Randjit-Singh. De là elle coupe presque en droite ligne les monts Soliman, et va rejoindre la chaîne des Kortikkis, au nord

du célèbre défilé de Bolân, et sous le 65° de long. E.

La frontière occidentale, suivant la vallée de Châl et le cours de la Lora, côtoie le désert du Séistan, et remonte au nord jusqu'au territoire d'Hérat.

Ainsi ce pays présente à peu près la forme d'un trapèze, dont la grande base dirigée vers le nord décrit, depuis Hérat jusqu'à l'Indus, une ligne d'environ trois cents lieues de long, et dont les côtés ont une longueur moyenne de cent cinquante lieues.

S'il est difficile de fixer exactement les frontières du territoire occupé par les Afghans, il serait encore plus difficile de donner dans une description sommaire une idée générale des divers pays qu'il comprend. Ils sont si différents par l'élévation de leur niveau au-dessus de la mer, par leur climat, leurs productions, etc., que nous ne pouvons essayer de les décrire ici. Nous remarquerons seulement que l'Afghanistan représente d'abord, depuis l'Indus jusqu'aux monts Soliman, la moitié occidentale de la vallée de l'Indus ; puis, à partir des monts Soliman jusqu'à l'Hindou-Kouch et le désert de Perse, un vaste plateau semé de montagnes ; un grand amphithéâtre qui domine tous les pays dont il est environné. L'Hindou-Kouch, qui forme, au nord, le gradin le plus élevé de cet amphithéâtre, commande les basses terres du pays de Balk et du Badakchân. A l'est, la rive droite de l'Indus, qui lui appartient, est beaucoup plus élevée que la rive gauche. Au sud, il domine les plaines arides du Cotch-Gondava ; à l'ouest, il va sans cesse en s'abaissant jusqu'au désert de Perse. Si l'on voulait cependant se faire une idée générale du mouvement des terrains, on devrait dire qu'il va sans cesse en s'élevant du midi au nord, et de l'ouest à l'est.

§ 2. Montagnes de l'Afghanistan.

L'Afghanistan, avons-nous dit, est un vaste amphithéâtre, dont les gradins sont figurés par des chaînes de montagnes qui vont sans cesse en s'élevant à mesure qu'on remonte vers

Durau del.

Lemaitre direxit

Idoles Colossa les de Bamian.

le nord. Cette image paraît surtout exacte au voyageur qui arrive dans ce pays par la route du Pendjab et de Pechaver. De la plaine où cette ville est assise, on aperçoit distinctement devant soi, en regardant vers le nord, quatre étages de montagnes. Le premier et le moins élevé ne porte jamais de neige que par accident; le second la conserve pendant quelques mois de l'année; le troisième, plus longtemps encore; et enfin le quatrième, l'Hindou-Kouch, est couvert de neiges éternelles. Les sommets, dont quelques-uns ont plus de vingt mille pieds de hauteur, et ne le cèdent en élévation sur la terre qu'à ceux de l'Himalayah, sont, dit-on, quelquefois visibles à quarante et cinquante lieues de distance pour les populations qui habitent le Turkestan au nord comme pour celles qui cultivent la vallée de l'Indus au midi. « A cette distance, dit un voyageur, « les arêtes et les crevasses de leurs « flancs étaient parfaitement distinctes, « et cette merveilleuse netteté des « objets produit un effet surprenant. « Les sommets neigeux de l'Hindou- « Kouch ne sont pas tous d'une éléva- « tion égale entre eux : quelques-uns « portent aux cieux des pics d'une « élévation et d'une masse prodigieuse; « car, au lieu de se terminer en cônes, « comme on pourrait le croire, ils « s'élancent de leurs bases presque « sans rien perdre de leur largeur, et « présentent de vastes plateaux de « glace à leurs sommets. L'effrayante « hauteur de ces montagnes, qui sem- « blent attirer vers elles et pouvoir « concentrer, à un instant donné, les « regards de tant de nations; l'impo- « sante solitude et le solennel silence « de leurs neiges éternelles, remplis- « sent l'âme d'une admiration et d'une « sorte de crainte religieuse qu'on ne « saurait exprimer. Cependant les « monts Himalayah sont encore plus « élevés; un jour je les ai aperçus, « quoique j'en fusse éloigné de plus de « soixante lieues; et l'on prétend que, « dans de certaines conditions atmos- « phériques, le sommet du Devalagiri, « la plus haute montagne connue sur le « globe (plus de vingt-huit mille pieds), « est visible à une distance de quatre « vingt-dix et même de cent lieues. »

Les grandes chaînes de montagnes peuvent toujours être considérées comme le centre d'un système qui détache des rayons dans toutes les directions; et ces rayons sont toujours suivis parallèlement à leur développement par des chaînons de contre-forts qu'on dirait avoir été disposés par la nature pour assurer leurs bases d'une manière inébranlable.

L'immense chaîne de l'Himalayah se prête, mieux que toute autre peut-être, à cette considération; mais, occupés ici spécialement de l'Afghanistan, nous n'avons à parler que de cette partie de l'Himalayah que nous avons désignée sous le nom d'Hindou-Kouch et de Paropamisus; et, de plus, nous devons borner nos observations aux rayons, dont quelques-uns sont très-considérables, qui, se détachent au sud de la grande chaîne.

Les contre-forts de l'Hindou-Kouch présentent un pays extrêmement accidenté, et qu'on appelle, pour cette raison, le Kohistàn ou pays des montagnes : il s'étend au nord et au nord-est de la ville de Caboul. Bien que, comparés à l'Hindou-Kouch, les sommets de ces contre-forts soient d'une hauteur peu apparente, leur élévation absolue au-dessus du niveau de la mer est cependant très-considérable; car ils sont assis sur un plateau qui est lui-même fort élevé. Leurs sommets ne conservent la neige que pendant deux ou trois mois de l'hiver; il est assez rare d'y voir des arbres; mais leurs flancs sont couverts de forêts de pins, de chênes, d'oliviers sauvages; à leur pied s'étendent de petites vallées arrosées par une foule de ruisseaux, et jouissant généralement d'un climat enchanteur. Sur leurs pentes croissent tous les fruits et toutes les fleurs de l'Europe, avec une merveilleuse richesse. Les collines portent plusieurs espèces de fougères et d'élégants arbustes; les rochers même sont couverts des mousses les plus tendres.

Nous aurons d'ailleurs à revenir sur cette partie du pays, dont l'importance politique est considérable, et dont les vergers surtout ont valu à la ville de Caboul la réputation dont elle jouit dans toute l'Asie, pour l'abondance et l'exquise qualité de ses fruits.

Si l'on voulait circonscrire l'espace sur lequel s'étendent ces contre-forts de l'Hindou-Kouch, on pourrait dire qu'ils occupent presque exactement tout le territoire compris entre ces montagnes et la rivière de Caboul. En effet, c'est la vallée de cette rivière qui les sépare des monts Soliman ; et, à mesure qu'ils s'éloignent à l'est du sommet de l'angle formé par la rivière et la grande chaîne, ils vont sans cesse en diminuant de hauteur ; et en même temps le niveau général des terrains s'abaisse avec une rapidité extraordinaire, à mesure qu'on approche de la vallée de l'Indus.

La chaîne du Paropamisus, où se termine le Kohistân de Caboul, s'étend de l'est à l'ouest sur une longueur de trois cent cinquante milles ; et avec ses contre-forts, sur une largeur de deux cents milles, du nord au sud. Tout l'espace compris entre ces limites présente une masse de montagnes si confuse, que, dans l'état actuel de nos connaissances, il est encore impossible de les décrire. C'est le pays occupé par les tribus des Eimâks et des Hazârehs ; il est très-peu fréquenté, car il ne se trouve point sur la route des caravanes ; aucun voyageur européen ne l'a encore parcouru : mais nous devons cependant espérer que les Anglais, qui font aujourd'hui la guerre dans ces contrées, nous les feront bientôt connaître.

La chaîne des monts Soliman, qui n'est à proprement parler qu'un rayon détaché de l'Hindou-Kouch, commence à la haute montagne qu'on appelle Séfid Koh, ou la montagne Blanche, à cause des neiges éternelles qui couvrent son sommet. Le Séfid Koh s'élève au sud des contre-forts de l'Hindou-Kouch, dont il n'est séparé que par la rivière de Caboul. A partir du Séfid Koh, la chaîne des monts Soliman se dirige presque en ligne droite sur l'Indus, où elle vient mourir dans les environs de Shikarpour. Elle se compose de trois arêtes parallèles, dont la plus élevée occupe le milieu, comme c'est l'ordinaire.

La hauteur des monts Soliman, quoique de beaucoup inférieure à celle de l'Hindou-Kouch, est cependant encore très-considérable : sa partie la plus élevée est sans aucun doute celle qui se rapproche le plus de cette grande chaîne. Le Séfid Koh est couvert de neiges éternelles ; mais il ne parait pas qu'aucun de ses autres sommets conserve encore de la neige après le printemps On voit cependant quelques-unes de ces montagnes qui, même sous le $31°$ de latitude nord, gardent la neige pendant tout l'hiver sur leurs sommets ; c'est la preuve d'une élévation considérable sous une latitude si voisine des tropiques.

Outre les deux contre-forts parallèles à son développement, la chaîne des monts Soliman détache encore quelques rayons à l'est et à l'ouest. Le premier qui se présente en venant du sud, et sur la vallée de l'Indus, est celui qui commence à Reghzî, sous le $32°$ de lat. N., et vient mourir à Penniallî, sur l'Indus. Le second chaînon sort au S. E. des flancs du Séfid Koh, et se prolonge dans la même direction. Il passe l'Indus, entre dans le Pendjab, et disparaît aux environs de Djelâlpour sur la rive droite du Djalem, l'ancien Hydaspe. Ce chaînon abonde en mines de sel gemme, qui lui ont valu le nom de montagnes salées. Le sel qu'elles fournissent se vend dans l'Inde sous le nom de sel de Lahore. Le troisième chaînon des monts Soliman se détache également du Séfid Koh, va droit à l'Indus qu'il traverse, mais pour disparaître à peu de distance : il est connu sous le nom de monts Khyber ou Tira. Ses cimes sont plus élevées que celles des montagnes salées, et généralement d'un accès très-difficile. Elles renferment des défilés où les Khyberis ont fait essuyer, depuis 1839, plusieurs échecs à l'armée anglaise.

Tous ces chaînons sont liés entre eux par une foule d'autres moins importants qui font ressembler tout ce pays à un réseau de montagnes ; si bien qu'aucun des intervalles qui sépare ces trois chaînons ne mérite le nom de plaines.

Les rayons que les monts Soliman détachent à l'ouest sont moins connus ; ils n'ont pas encore été explorés par les voyageurs.

M. Mountstuart Elphinstone considère comme telle la chaîne qui, partant à l'ouest du Séfid Koh, se dirige au sud-ouest, passe à l'est de Ghazna, où elle prend le nom de monts Toba, puis se partage en plusieurs autres chaînes, dont l'une, courant de l'est à l'ouest, vient mourir aux environs de Candahar ; dont une autre très-importante est connue sous le nom de monts Khodjeh-Amrân ; dont une troisième, continuant sa course au sud-ouest sous le nom de monts Isepper, puis de monts Kerlikkis, va rejoindre la grande chaîne des montagnes du Beloutchistan. Peut-être serait-il plus rationnel et plus exact de considérer tout ce développement comme un système complet, et non moins important que les monts Souléiman, avec lesquels il formerait au point de départ commun du Séfid Koh, un angle dont l'ouverture est dirigée vers le sud. Tout l'espace compris entre ces deux grandes chaînes principales n'est aussi qu'un pays de montagnes.

### § 3. — Cours d'eau.

Ainsi tout l'Afghanistan n'est qu'un vaste amphithéâtre de montagnes, dont quelques-unes sont très-élevées, et même portent sur leurs sommets des glaciers éternels. On doit naturellement s'attendre à trouver dans ce pays un grand nombre de cours d'eau ; mais, comme il arrive souvent dans les pays de montagnes, ces cours d'eau ne sont que des torrents très-rapides et sans profondeur. En effet, excepté l'Indus, qui lui sert de frontière à l'est et au sud, on ne rencontre pas dans l'Afghanistan de rivière qui ne soit guéable pendant la plus grande partie de l'année. D'ailleurs le volume de ces rivières est singulièrement diminué par les saignées qui leur sont faites pour les besoins de l'irrigation, et qui sont telles, que souvent une rivière au volume d'eau considérable disparaît et semble se perdre dans les terres, avant d'avoir fait sa jonction avec une autre rivière, ou avant d'avoir porté ses eaux à l'Océan. C'est un fait qui n'est pas seulement particulier à l'Afghanistan ; on peut l'affirmer de presque toute l'Asie.

Si donc nous parlons des cours d'eau de l'Afghanistan, c'est seulement à cause des services qu'ils rendent à l'agriculture, ou des obstacles qu'ils peuvent mettre à la marche des voyageurs et des armées.

Des cours d'eau de l'Afghanistan, l'Indus est le seul qui soit navigable en toute saison ; mais il est tellement rapide et difficile, surtout dans la partie supérieure de son cours, qu'on l'emploie bien peu pour la navigation. Les Anglais n'ont pas même encore réussi à établir un service régulier à ses embouchures. D'ailleurs, nous n'avons pas à parler autrement de ce fleuve, dont la description complète sera donnée dans le volume de *l'Univers pittoresque* qui traitera de la péninsule indienne.

Les affluents de l'Indus qui appartiennent à l'Afghanistan sont, en commençant par le nord :

L'Abba-Sîn, sorti de l'Hindou-Kouch, dont il côtoie le pied avant de se perdre dans l'Indus, après un cours de cent vingt milles environ.

La rivière de Kashgar. Elle sort du Poushtî-Khân, l'un des sommets des Biloûr-Tag, dans le Turkestan chinois. Après avoir suivi cette chaîne jusqu'au point où elle vient se joindre à l'Hindou-Kouch, et traversé la province chinoise de Kashgar, elle coupe l'Hindou-Kouch, et vient se jeter avec une violence extrême dans la rivière de Caboul.

La rivière de Caboul. On désigne sous ce nom une rivière formée par plusieurs cours d'eau qui viennent se réunir à l'est et au-dessous de la ville de Caboul. Deux des plus considérables descendent de l'Hindou-Kouch : ce sont le Ghorabend et le Pendjshîr. Ils mêlent leurs eaux au nord de Caboul, et coulent au S. E. jusqu'à Bârikâb. Là ils sont rejoints par une autre rivière qui prend sa source dans les environs de Ghazna, et traverse la ville de Caboul, qui donne son nom à tout le cours d'eau. De Bârikâb, la rivière de Caboul précipite ses flots rapides à l'est, et reçoit près de Djellalabad la rivière de Kâshgar, ainsi qu'une foule de ruisseaux sortis des contre-forts de l'Hindou-Kouch. En entrant dans la plaine de Pechaver, la rivière de Caboul voit diminuer l'excessive impétuosité de son courant ; puis elle se partage en plusieurs bras, qui se réunissent cependant ; et enfin elle porte ses eaux à l'Indus, un peu au-dessus d'Attok.

Au-dessus d'Attok, l'Indus reçoit encore sur sa rive droite le Toï, et quelques autres petits ruisseaux que nous ne mentionnerons pas. Arrivé dans le pays d'Esau-Khaïl, son cours s'augmente du Korem, grande rivière très-large, mais peu profonde, qui prend sa source dans les monts Soliman.

Le seul affluent que l'Indus reçoive encore à l'ouest avant de se jeter dans la mer, c'est le Gomal, petite rivière de l'Afghanistan, dont les eaux, épuisées par l'irrigation, se perdent le plus souvent dans les terres avant d'arriver au fleuve : on pourrait même dire qu'elles n'y parviennent que dans la saison des pluies.

Les monts Soliman donnent encore naissance à une foule de ruisseaux qui sont à peine connus de nous, et qui tous semblent être de trop peu d'importance pour que nous ayons à nous en occuper ici.

La plus considérable des rivières qui arrosent la partie occidentale de l'Afghanistan, c'est l'Helmend, l'Etymander des anciens. Elle prend sa source à vingt ou trente milles à l'ouest de Caboul, dans les montagnes de Kohi-Baba. Après un cours de deux cents milles dans les montagnes, elle coule dans les plaines cultivées par les tribus Douranies. A cette distance de sa source, elle n'est cependant pas très-large, et bientôt après elle entre dans un désert, et finit par porter ses eaux dans le lac du Seïstân, le lac Khâdjet. Les bords de l'Helmend, sur une largeur d'un mille ou deux, sont très-fertiles, et en quelques endroits bien cultivés. Tout le cours de l'Helmend est d'environ quatre cents milles. Quoique guéable pendant la plus grande partie de l'année, son volume d'eau est cependant considérable ; et, à l'époque de la fonte des neiges, c'est une rivière large et profonde.

Les principaux affluents de l'Helmend sont, sur sa rive droite :

Le Sîahbend, qui vient le joindre à quatorze milles au-dessous de Ghirisk, après un cours de quatre-vingts milles ;

Le Khâsh-roud. Il prend sa source à quatre-vingt-dix milles au S. E. d'Hérat, à Sâklsir. Il réunit ses eaux à celles de l'Helmend près de Khouneshîn, dans le Ghermsir, après un cours total de cent cinquante milles. C'est une rivière considérable et rapide.

Sur la rive gauche, les affluents de l'Helmend sont :

L'Urghendâb, sorti des montagnes habitées par les Hazârehs ; à quatre vingts milles au nord-est de Candahar. Après être venu passer sous les murs de cette ville, il va se joindre à l'Helmend un peu au-dessous de Ghirisk. C'est presque un ruisseau pendant l'hiver ; mais à la fonte des neiges, c'est une profonde et rapide rivière. Avant de se réunir à l'Helmend, il reçoit :

La Ternak, qui prend sa source au sud-ouest de Ghazna près de Moukhour, passe au sud de Candahar, et vient se jeter dans l'Urghendâb à vingt-cinq milles au-dessous de cette ville. La Ternak traverse un pays presque de plaines, et n'a qu'une pente peu sensible. Près de Candahar elle reçoit à son tour :

L'Urghessân, torrent rapide dont le lit est le plus souvent à sec; le Shorendâb, le Dorî. Malgré ces affluents, la Ternak ne semble pas augmenter de volume, à cause des saignées qui lui sont faites pour les besoins de l'agriculture. Quand elle se jette dans l'Urghendâb, ce n'est encore qu'une très-petite rivière.

Outre ces cours d'eau il faut encore compter dans l'Afghanistan occidental:

Le Farrah-roud, qui prend sa source près de celle du Khash-roud. C'est une rivière assez considérable qui se perd ou dans les sables ou dans le lac du Seistân, après un cours d'environ deux cents milles.

La Lora, qui sort des montagnes de Kaud, reçoit quelques ruisseaux, traverse la vallée de Peshîn, et se perd dans les terres du Ghermsir après un cours de deux cents milles. C'est une rivière assez abondante, qui fournit beaucoup d'eau à l'irrigation.

Les autres cours d'eau de l'Afghanistan sont trop peu importants ou trop peu connus pour que nous devions en parler dans cette notice.

Nous mentionnerons cependant le lac qui se trouve au sud-sud-ouest de Ghazna, et qui est formé par la réunion de plusieurs ruisseaux.

### § 4. Climat de l'Afghanistan.

Il n'a pas été fait jusqu'ici de travail sérieux sur le climat de l'Afghanistan; et, avant qu'on puisse en parler pertinemment, il faudra de longues et patientes études. Ce pays de montagnes, d'une superficie assez peu étendue, est soumis à tous les climats de la terre. La température de ses diverses provinces dépend presque uniquement du degré de leur élévation au-dessus du niveau de la mer. Dans certaines vallées profondes, entourées de montagnes de tous les côtés, ou éprouve souvent pendant l'été des chaleurs plus accablantes que celles de l'Inde; car on n'y sent pas la brise de mer ni l'effet des moussons, qui rafraîchit l'atmosphère embrasée. Au contraire, sur certains plateaux élevés les habitants ne peuvent quitter les habits de laine et même les peaux de mouton pendant aucune saison de l'année. A Pechaver, la canne à sucre réussit fort bien; on n'y a jamais vu tomber de neige; et, pendant l'été, le thermomètre monte souvent, à l'ombre et dans les maisons, jusqu'à 35° et 36° Réaumur. A Caboul, qui n'en est pas éloigné de cinquante lieues, les gelées commencent à se faire sentir dès les premiers jours d'octobre. A Ghazna, la neige, et une neige épaisse, couvre le sol jusqu'au mois de mars. « Les pays chauds et froids, dit l'em- « pereur Bâber dans les remarquables « mémoires qu'il nous a laissés, se « touchent presque sans transition « dans cette contrée. A une journée de « marche de Caboul, vous trouvez des « pays où l'on n'a jamais vu de neige; « et à deux heures seulement de la « même ville vous trouvez aussi des « campagnes que la neige couvre pen- « dant la plus grande partie de l'année. « L'air de Caboul est délicieux, et je « ne crois pas qu'il y ait dans le monde « une ville qui lui soit comparable « sous ce rapport. Cependant on n'y « saurait dormir, pendant l'été, sans un « *postin* (couverture de peaux de mou- « ton). Pendant l'hiver, malgré l'abon- « dance de la neige, le froid n'y est pas « excessif. Samarcand et Tauris sont « fameux pour leur climat; cependant « on ne peut les comparer à Caboul. « Les fruits des climats froids, le rai- « sin, les grenades, les abricots, les « pommes, les coings, les poires, les « pêches, les prunes, les amandes, « les noix, etc., y viennent à merveille. « J'ai planté moi-même un cerisier à « Caboul; il y est très-bien venu, et « portait des fruits innombrables « quand j'ai quitté le pays. Les oran- « ges et les citrons viennent à merveille « dans la province voisine de Lagh- « mân. J'ai fait planter la canne à sucre « à Pechaver, où elle a très-bien réussi, « etc. » S'il est des pays où, pendant la plus grande partie de l'année, les habitants sont obligés de dormir enveloppés de peaux de mouton et couchés sur des poêles, il en est d'autres, comme le Damân, où, pendant l'été, la chaleur des nuits est telle, que les habitants trempent leurs habits dans l'eau avant de se coucher, et ne s'endorment jamais sans avoir auprès d'eux un vase plein d'eau, pour étancher la soif qui ne tardera pas à les réveiller. S'il est, enfin, des pays qu'on est obligé d'abandonner pendant l'hiver, il en est d'autres, comme Sioui, dont on dit proverbialement en Asie qu'on ne conçoit pas pourquoi Dieu, après les avoir créés, a pu songer à créer encore un enfer.

Le climat dépend donc essentiellement, dans l'Afghanistan, des accidents du terrain; et, comme c'est un des pays les plus accidentés du globe, il faudra bien du temps encore avant qu'on puisse l'avoir étudié parfaitement; c'est d'ailleurs un travail qui se liera, d'une façon toute particulière, à la mesure des montagnes dont le pays est composé.

La température de l'Afghanistan est généralement très-sèche. Il n'y pleut avec quelque suite qu'au printemps, lorsque la fonte des glaces et des neiges soulève, par l'évaporation, des nuages qui retombent bientôt en pluie. Ces pluies sont très-nécessaires à l'agriculture, qui, dépourvue souvent de moyens d'irrigation, ne saurait s'en passer. Pendant le reste de l'année, le ciel est généralement très-pur, et de cette admirable transparence qui caractérise l'atmosphère des pays méridionaux. Souvent cependant, à l'automne, l'Afghanistan reçoit les derniers des nuages chassés par la mousson indienne du sud-ouest, et qui, arrêtés par les hautes cimes de l'Himalayah, se détournent de la route qu'ils suivaient, et arrivent dans le Caboul en courant de l'est à l'ouest. En général, c'est le vent d'est qui apporte les nuages, et le vent d'ouest le beau temps.

Comme dans tous les pays de montagnes, la température de l'Afghanistan est sujette à de très-rapides variations, contre lesquelles il faut se prémunir avec les plus grands soins. Cette circonstance rend les maladies très-dangereuses et souvent fatales. Mais, à tout prendre, le climat du pays est, en général, très-sain, et favorable au développement de l'organisme humain. La taille élevée, la force musculaire des habitants, l'âge avancé auquel on les voit souvent parvenir, témoignent avantageusement de la salubrité du pays.

## § 5. Animaux, végétaux, minéraux de l'Afghanistan.

Il n'a pas encore été fait de recherches un peu suivies sur l'histoire naturelle de l'Afghanistan. Aussi ne pouvons-nous donner un exposé quelque peu complet des ressources que ce pays présente sous ce rapport. Nous ne pouvons que glaner dans les récits des voyageurs.

Nous commencerons par le règne animal.

Le lion, si commun dans les pays qui entourent l'Afghanistan à l'ouest et au sud, en Perse et dans les provinces septentrionales de l'Indoustan, semble inconnu dans l'Afghanistan. « Le seul parage où j'ai entendu dire « qu'il existe des lions, dit un voyageur, c'est dans le pays de montagnes qui environne Caboul. Je n'en « ai jamais vu moi-même; mais, à en « juger par la description qu'on m'en « a faite, je dois croire que cet animal « est, dans ce pays, fort petit et très-« faible : peut-être même ferais-je « mieux de croire qu'il n'y existe pas. »

Les tigres sont communs dans les pays situés à l'est des monts Soliman; les léopards surtout y sont très-nombreux. On les rencontre dans toutes les parties boisées de l'Afghanistan.

Les loups, les hyènes, les chacals, les renards et les lièvres abondent dans toutes les parties du pays. Les loups sont quelquefois très-redoutables, pendant l'hiver, dans les pays froids. Alors ils se forment en troupes, détruisent le bétail et souvent même attaquent les hommes. Les hyènes ne chassent jamais en troupes; pressées par la faim, elles attaquent quelquefois les buffles. Elles font avec les loups de grands ravages dans les troupeaux. Au marché de Caboul, on voit toujours beaucoup de lièvres, qui s'y vendent presque pour rien.

Les ours sont très-communs dans toutes les montagnes boisées; mais il est rare qu'ils quittent leurs repaires, excepté dans le voisinage des plantations de cannes à sucre, dont ils sont très-friands. Il y en a de deux espèces : l'une, l'ours noir de l'Inde; l'autre, d'un blanc sale ou plutôt de couleur fauve.

Les sangliers, si abondants dans l'Inde et dans la Perse, sont rares dans l'Afghanistan; l'âne sauvage ne se trouve que dans le pays des Dourânis, le Germsîr; et les pays de sable au sud de Candahar. Plusieurs espèces de bêtes à cornes, entre autres l'élan, se trouvent dans les montagnes; les antilopes sont rares, et l'on n'en voit que dans les plaines. Les chèvres sauvages abondent dans la partie orientale du pays. La plus remarquable des bêtes à cornes est un animal nommé en persan *pausen*. Il se distingue par la grandeur de ses cornes, et par l'odeur forte mais non pas désagréable qu'il exhale. Le vulgaire croit que cet animal se nourrit de serpents; une substance verte, de la grandeur d'une fève, qu'on trouve dans ses intestins, passe pour un spécifique infaillible contre la morsure des serpents.

On trouve encore dans l'Afghanistan des porcs-épics, des hérissons, des singes (ces derniers seulement dans le nord-est), des rats, des souris, des fouines, des chiens sauvages. Les éléphants viennent de l'Inde.

Des animaux domestiques celui qui mérite le plus l'attention, c'est le cheval. On en élève beaucoup dans l'Afghanistan, et ceux qui viennent des environs d'Hérat sont très-beaux. Le Damân produit aussi d'excellents chevaux, d'une race originaire de l'Inde, qu'on appelle *tazis*. En général, cependant, les chevaux afghans ne sont pas très-remarquables par leurs qualités. Dans les environs de Bamiân, on élève une excellente race de poneys ou *yehous* extraordinairement forte, et utile dans ces pays de montagnes.

On se sert peu de mules dans l'Inde; elles y sont en général très-faibles. A l'ouest de l'Indus cependant l'espèce s'améliore, et elle va sans cesse en s'améliorant à mesure qu'on remonte vers le nord-ouest; néanmoins elles ne valent jamais celles de l'Europe. On peut en dire autant des ânes, qui sont des animaux extrêmement utiles à l'agriculture dans l'Afghanistan.

Le chameau est l'animal qui est le plus employé pour les transports. Le dromadaire se trouve dans le pays plat, et surtout dans les pays de sable. Le chameau bactrien, appelé *azhri* en turcoman, est encore plus rare; on le tire des déserts situés au delà de l'Oxus. Il est d'un tiers plus petit que le dromadaire, fort, et couvert d'un poil noir très-rude; il a deux bosses. Le chameau nommé *boghi*, au sud-ouest du Khorassân, ressemble beaucoup au chameau bactrien, mais il est aussi grand que le dromadaire. D'ailleurs la taille de celui-ci varie beaucoup; dans le Khorassan, par exemple, il est plus petit et en même temps plus fort que dans l'Inde.

Le buffle, qui aime les pays chauds et humides, est naturellement rare dans l'Afghanistan; cependant on en trouve.

Le bœuf traîne la charrue dans tout le Caboul. Il a, comme celui de l'Inde, une bosse à la naissance du cou; mais il lui est très-inférieur sous beaucoup de rapports. On importe des bœufs du Radjpoutana, où sont les meilleurs de l'Inde, excepté peut-être ceux du Gouzerat. Les habitants n'ont de troupeaux de bœufs que dans le Séistân et le pays des Câkers.

Les troupeaux des tribus pastorales se composent principalement de moutons de l'espèce nommée *doremba* en persan, et qui est remarquable par le volume extraordinaire de sa queue. D'ailleurs, cette espèce ressemble à celle d'Europe, et est meilleure que celle de l'Inde.

Les chèvres sont très-abondantes dans tous les districts montagneux, et ne sont pas rares dans les plaines.

Quelques espèces ont des cornes remarquablement longues et recourbées.

Il faut parler des chiens de l'Afghanistan. Les courants sont excellents. Les tribus pastorales, qui ont la passion de la chasse, en élèvent un très-grand nombre. Les chiens d'arrêt, fort ressemblants à ceux de l'Europe, sont assez communs. On les appelle *khandis*. Il y en a qui sont véritablement très-beaux.

Il ne faut pas oublier les chats, au moins l'espèce à long poil qu'on nomme *bourâk*. On en fait des exportations considérables, et partout on les appelle chats de Perse, quoique la Perse elle-même s'en fournisse dans l'Afghanistan.

On trouve dans l'Afghanistan un grand nombre d'oiseaux de proie, dont quelques-uns sont élevés pour la chasse; car l'art de la fauconnerie est très-cultivé dans tous les pays mahométans. On y voit surtout une espèce d'autour très-remarquable, que l'on instruit à s'abattre sur les antilopes, et à leur déchirer la tête avec son bec. D'ailleurs, le gibier ne manque pas; les hérons, les grues, les cigognes, les canards et les oies sauvages, les cygnes, les perdrix, les cailles, un oiseau appelé *caplé* par les Persans et les Afghans, le *chicorl* de l'Inde, espèce de perdrix de montagne, sont très-communs. Les pigeons, les tourterelles, les corbeaux, les moineaux et leurs variétés, se rencontrent partout; les coucous sont rares dans l'Afghanistan, ainsi que les paons, les perroquets, les geais; les pies sont très-abondantes.

Les reptiles sont assez rares. La plupart des serpents ne sont pas dangereux. Les scorpions de Pechaver sont célèbres chez les Asiatiques pour leur taille et la violence de leur venin. Cependant on ne connaît pas d'exemple que leur morsure ait causé la mort. Les tortues de terre sont communes.

Les nuées de sauterelles sont un fléau qui visite rarement l'Afghanistan. Les abeilles sont très-communes dans le pays, surtout à l'est des monts Soliman. Cependant on ne y les élève pas. Dans quelques pays voisins du désert, et où la température est très-élevée pendant l'été, on est souvent fort incommodé par les moustiques.

Il serait encore plus difficile de donner une idée du règne végétal dans l'Afghanistan, car il n'a encore été étudié par personne. Du grand nombre d'arbres inconnus à l'Europe et communs dans l'Inde, on n'en trouve que très-peu dans l'Afghanistan, à l'est des monts Soliman, et presque pas à l'ouest; par contre, un très-grand nombre des arbres de l'Europe se retrouvent dans l'Afghanistan, et souvent même à l'état sauvage. Les arbres les plus communs dans les montagnes sont les pins de toutes les espèces, dont l'une, appelée *djelgouzeh* dans le pays, produit des pommes plus grosses que des artichauts, et des amandes qui ressemblent à des pistaches. Deux espèces de chênes, des cèdres, des cyprès gigantesques, le noyer, l'olivier sauvage, le pistachier, le bouleau, le houx, le noisetier, le lentisque, croissent naturellement dans les montagnes. Les arbres les plus communs dans les plaines sont le mûrier, le tamarin, le saule et ses variétés, le platane, le peuplier, et une foule d'autres qu'on retrouve en Europe.

Parmi les arbustes nous citerons le groseillier, l'épine-vinette, la vigne, etc.

Les fleurs d'Europe, les roses, les jasmins, les pavots, les narcisses, les hyacinthes, les tubéreuses, les giroflées, se trouvent dans tous les jardins et à l'état sauvage.

On trouve de l'or dans les cours d'eau qui descendent de l'Hindou-Kouch, et de l'argent, mais en petite quantité, dans le Cafiristan. Des lits de lapis-lazuli bordent la rivière de Kashgar, dans les pays des Yousoufzis.

Il y a des mines de plomb et d'antimoine mêlés dans le pays des Afridis et des Hazârehs; des mines de plomb seul ont été reconnues sur divers points. Le pays des Vizîris est très-riche en minerai de fer, ainsi que le Badjour, où l'on a aussi trouvé des indices de la présence du cuivre. En quelques endroits on a recueilli des échantillons de soufre, d'alun, d'orpiment. On sait déjà que le pays est riche en sel ; le salpêtre est partout très-abondant.

---

## CHAPITRE II.

DE LA POPULATION ET DE L'ORGANISATION SOCIALE DE L'AFHANISTAN. — PRINCIPALES TRIBUS. — DES HABITANTS DES VILLES. — DE QUELQUES RACES VAINCUES. — MOEURS, COUTUMES, CARACTÈRE DES AFGHANS. — LITTÉRATURE. — RELIGION, SECTES, SUPERSTITIONS. — COMMERCE. — AGRICULTURE.

---

§.I. De la population et de l'organisation sociale de l'Afghanistan.

La population qui habite aujourd'hui les montagnes et les vallées de l'Afghanistan n'appartient pas tout entière à la même race. Loin de là, il est peu de pays qui renferment autant de races diverses ; et, pour la classer d'une manière à peu près générale, quoique encore fort incomplète, nous devons dire que la population se compose :

1° D'une race victorieuse de tribus agricoles et nomades, qui ont réduit à l'état de servage les anciens propriétaires du sol ;

2° D'une population extraordinairement mélangée, sortie de presque toutes les races asiatiques, composée d'hommes chassés des pays voisins par les révolutions incessantes dont l'Asie a été l'éternel théâtre, ou d'aventuriers qui, après avoir longtemps erré au gré de cette humeur vagabonde qui tourmente les peuples mahométans, sont enfin venus s'établir dans le pays ; ou encore de commerçants attirés par le négoce sur les riches marchés du Caboul ; ou enfin d'hommes qui, au temps de la conquête, se sont réfugiés dans les villes pour se soustraire à l'esclavage. Cette seconde partie de la population est libre, et habite presque exclusivement les villes abandonnées par la race victorieuse ;

3° De la population vaincue et attachée à la glèbe, comme jadis les serfs de l'Europe au moyen âge.

Les tribus sont donc la véritable aristocratie, la population importante du pays ; et c'est d'elles que nous nous occuperons d'abord. Mais, avant d'essayer d'en faire le dénombrement, nous allons décrire l'organisation sociale qui leur est commune à toutes ; et on pourrait dire qui leur est commune avec toutes les tribus errantes de la Perse, de la Tartarie, de l'Arabie, du nord de l'Afrique, etc.

Les tribus de l'Afghanistan ont, comme celles de l'Arabie, la prétention de descendre des fils d'un même patriarche. Au lieu d'Ismaïl, c'est Kaïse, personnage héroïque, dont l'existence est sans doute fort contestable, qu'elles regardent comme leur aïeul. Mais, malgré cette communauté d'origine, elles vivent fort distinctes les unes des autres, promenant leurs troupeaux sur un espace circonscrit et déterminé pour chacune, et vivant chacune sous un gouvernement particulier. Chaque tribu est elle-même divisée en plusieurs branches. Dans les plus nombreuses, et qui occupent par conséquent un territoire plus étendu, ces branches se sont séparées du tronc principal, au point d'avoir chacune un chef indépendant qui la gouverne. Cependant toutes ces branches conservent le nom générique, et un certain souvenir d'une communauté d'origine et d'intérêts.

Le nom qui désigne la société complète que nous appelons une tribu est *oulous*, et il s'applique aussi à ses branches indépendantes. L'oulous lui-même se subdivise en plusieurs branches gouvernées chacune par un chef, soumis lui-même au chef général de l'oulous. Ces branches se subdivisent à leur tour en plusieurs fractions, dont la dernière ne contient plus que quelques familles. Chaque fraction, à son tour, a son chef subordonné au chef de la division à laquelle elle appartient.

Le chef d'un oulous porte le titre de khan. Il est toujours choisi dans la plus ancienne famille de l'oulous. Dans un assez grand nombre de tribus, sa nomination appartient au souverain, qui peut ensuite le révoquer à volonté, et nommer un de ses parents à sa place. Dans les autres tribus le khan est élu par le peuple. Quel que soit le mode de nomination, on a toujours égard au droit d'aînesse, mais surtout à l'âge, à l'expérience, au caractère. Aussi les successions sont-elles souvent la cause de discordes intestines. A la mort d'un khan, ses fils ou ses neveux cherchent quelquefois à se faire des partis dans la tribu, à se concilier le souverain par des promesses de tribut, et à corrompre ses ministres à prix d'argent. Le concurrent désappointé continue presque toujours ses intrigues, même après la nomination de son rival. Quelquefois, mais rarement, une partie de la tribu se retire avec lui. Plus souvent il continue ses intrigues à la cour, ou bien il allume au sein de la tribu une guerre, dans laquelle il se fait soutenir par une tribu hostile. En temps de guerre civile générale, le candidat malheureux se joint au prétendant au trône, et suit sa fortune.

Le chef d'une subdivision de la tribu est toujours élu par le peuple, dans la plus ancienne famille de cette subdivision. Dans la dernière fraction, il arrive souvent qu'il n'y a pas lieu à élection : c'est la nature qui décide, comme dans le cas où un vieillard se trouve le chef de huit ou dix familles composées de ses enfants, neveux, petits-enfants, etc.

Le gouvernement intérieur des oulous se partage entre les khans et des assemblées composées des chefs de chaque subdivision. Ces assemblées s'appellent djirgas.

Le khan préside le principal djirga composé des chefs des grandes branches de l'oulous. Chacun de ces chefs consulte à son tour le djirga, composé des chefs des subdivisions qu'il gouverne, et ainsi de suite jusqu'à l'assemblée des derniers de la tribu.

Dans les cas de peu d'importance ou de force majeure, le khan agit sans consulter le djirga; mais, dans les affaires importantes, tous les membres de la tribu sont appelés à faire connaître leur opinion avant qu'il soit pris aucune résolution.

Telle est la théorie du gouvernement des tribus; mais, comme on le pense bien, il arrive très-rarement dans la pratique que les choses se passent conformément à la théorie. Quelquefois un khan réussit à établir une sorte de despotisme, et agit sans consulter le djirga; plus souvent encore le pouvoir du khan et des chefs n'est guère que nominal; chaque branche, chaque fraction, chaque famille de la tribu agit à sa guise, et sans s'embarrasser de ses chefs. Pour remédier à ce fractionnement indéfini, il n'est pas très-rare de voir nommer dans la tribu un magistrat temporaire, que ses talents désignent au choix de la multitude. C'est une espèce de dictateur, qui a de très-grands pouvoirs pour faire la guerre ou atteindre le but que l'on s'est proposé par sa nomination; mais une fois ce but atteint ou la guerre finie, il reprend sa place dans la tribu.

Le pouvoir des khans est donc souvent fort peu de chose, et toujours il varie selon les circonstances, selon leur position personnelle, selon leurs talents. Dans les tribus soumises au roi, le khan a beaucoup d'influence, parce que c'est lui qui est chargé de percevoir les impôts pour le compte du souverain, de lever la milice, etc.; toutes fonctions d'où il tire un revenu personnel assez considérable. Ce revenu, en lui permettant d'entretenir une suite nombreuse et de rendre des services aux principaux personnages de l'oulous, contribue à l'affermissement de son pouvoir. Par contre, quand la tribu est peu nombreuse, le djirga, composé de tous les chefs inférieurs, a de fréquentes occasions de se réunir, et tient en échec le pouvoir du khan.

C'est à leur tribu bien plus qu'à leur chef que les Afghans sont attachés; c'est envers elle bien plutôt qu'envers lui qu'ils se reconnaissent des devoirs : aussi, en réalité, ce pouvoir est-il bien peu de chose. Jamais, peut-être, on n'a vu un khan investi du droit de vie et de mort, ou assez puissant pour entraîner sa tribu à quelque démarche contraire à son honneur et à ses intérêts.

Les tribus de l'ouest n'ont que très-rarement des querelles avec leurs voisines; tandis qu'il n'est peut-être pas une tribu de l'est qui ne soit en état de guerre déclarée ou de trêve avec les autres. Un grand nombre ont entre elles des motifs de guerre éternelle; mais, cependant, elles ne recourent aux armes que lorsqu'une circonstance extraordinaire vient réveiller leur animosité. D'autres, comme les Yousoufzis, sont en état de guerre perpétuelle.

Les tribus qui ne font la guerre que par accident concluent entre elles des alliances temporaires. Ce sont les djirgas des tribus alliées qui décident des opérations, ou discutent les conditions de la paix. Celles qui sont souvent en guerre sont quelquefois en état d'alliance permanente avec d'autres tribus. D'ailleurs les opérations militaires ne sont la plupart du temps que des excursions de pillage, des razzias exécutées par un petit nombre d'hommes; mais, dans les grandes occasions, le khan et le djirga convoquent tous les hommes capables de porter les armes. Les tribus, qui font rarement la guerre, se contentent d'appeler les volontaires; celles qui la font plus souvent forcent tous les hommes d'un certain âge à servir : mais les Yousoufzis, qu'un état de guerre incessant a forcés à l'adoption d'un certain système pour avoir constamment des hommes sous les armes, lèvent un fantassin par charrue et un cavalier par deux charrues. En général, la crainte de l'opinion publique suffit pour forcer tout le monde a remplir son devoir ; mais cependant il y a aussi des amendes imposées aux réfractaires. On assemble ainsi des corps assez considérables, mais indisciplinés, et une mêlée tumultueuse s'engage avec l'ennemi. Un parti est bientôt défait, et sans grande perte. Les vainqueurs pillent le territoire du vaincu ; et la guerre se trouve de fait suspendue jusqu'à ce que les battus se croient en état de

reprendre la campagne. Les soldats sont presque tous à pied. Le khan commande à la guerre, aussi bien qu'en temps de paix.

Le service est gratuit; mais, dans quelques tribus, la perte d'un cheval se paye au propriétaire sur le fonds des amendes imposées à divers titres aux membres de la tribu, ou même sur le produit d'une taxe spéciale.

Cet usage est particulier aux tribus du nord-est, qui seules ont un revenu public; encore ne consentent-elles à payer l'impôt que quand il faut de l'argent pour un objet d'utilité publique. Il y a très-peu d'exemples d'un khan ayant assez de pouvoir pour oser lever des impôts à son profit; mais assez ordinairement le khan s'approprie le produit de la taxe sur les Humsayéhs et les Hindous, ainsi que celui des droits levés sur les marchandises qui traversent le territoire de l'oulous. Il n'y a peut-être pas de fraction de tribu qui ne s'impose elle-même pour entretenir des mollahs, et subvenir aux frais de l'hospitalité qu'elle doit exercer.

La loi générale du royaume est celle du Koran, suivie par les tribus mêmes pour les actions civiles; mais, en outre, elles ont pour l'administration de la justice criminelle un code particulier connu sous le nom de Poushtounwalli, ou usage des Afghans; c'est un droit coutumier fondé sur des principes si étranges, qu'on le croirait antérieur à l'organisation de tout gouvernement civil.

De même que chez les Circassiens, dont les idées ont, sous ce rapport, une analogie extraordinaire avec celles des Afghans, ceux-ci admettent que tout homme a le droit de se faire justice par lui-même; et, malgré tous les efforts des mollahs pour changer leurs idées sur ce point, il est toujours légal, et même impérieusement commandé par l'honneur, de venger ses injures soi-même. C'est la loi du talion qui s'applique, œil pour œil, dent pour dent, etc. Si l'offenseur est trop puissant, l'offensé peut se venger sur quelqu'un de ses parents, et en certains cas sur toute personne de sa tribu.

S'il ne trouve pas l'occasion d'exercer son droit, l'offensé peut différer sa vengeance pendant des années; mais ce serait une honte pour lui d'y manquer, et c'est le devoir de ses parents et même de sa tribu de l'aider dans son entreprise.

La vengeance ainsi exercée produit, comme on le pense bien, de nouvelles querelles: celles-ci se prolongent alors pendant des époques indéterminées, et souvent elles se transmettent des pères aux enfants pendant plusieurs générations.

Cependant on a senti les inconvénients de ce cruel système; et, dans chaque tribu, il y a des mesures prises pour en atténuer les effets. Dans quelques tribus l'arrangement des querelles particulières est confié à la médiation des chefs et des anciens, qui y emploient tout leur crédit; mais si leur autorité est insuffisante, s'ils ne peuvent déterminer l'offenseur à offrir une compensation suffisante, ou l'offensé à l'accepter, on laisse ce dernier poursuivre sa vengeance. Dans d'autres tribus, et, à vrai dire, dans la plupart, la société s'interpose entre les parties, et va jusqu'à forcer celle qui ne veut pas accepter de médiation à quitter l'oulous. D'autres fois le khan ou le djirga non-seulement force l'offenseur à réparer ses torts, mais, de plus, il lui impose une amende.

Malheureusement ces coutumes ne s'appliquent que dans l'intérieur des tribus; et quant aux querelles des tribus entre elles, c'est toujours la force seule qui en décide.

Tous les procès criminels sont soumis à un djirga composé du khan, des *malleks* ou anciens, assistés par les mollahs, et souvent par des personnes d'un rang inférieur, mais d'un âge respectable et d'une expérience reconnue. Les petits délits sont jugés par le djirga du village ou de la subdivision auxquels appartiennent les parties; mais les affaires importantes sont jugées par le khan ou les principaux personnages de la tribu, suivant leur gravité.

Le djirga s'assemble ordinairement sur l'ordre du chef local; mais, dans beaucoup de tribus, tout membre a le droit de le convoquer, et souvent l'absence est punie d'une amende.

Quand les membres sont assemblés, ils s'asseyent sur la terre nue, et, après une courte prière, le principal personnage présent ouvre la séance par un dicton dont voici le sens : « Les événements appartiennent à Dieu, mais l'homme en délibère ». Puis le plaignant expose son grief; et si la partie adverse oppose des dénégations ou appelle des témoins; si, ce qui arrive le plus ordinairement, l'accusé admet le fait, mais cherche à le justifier, le djirga décide selon sa sagesse. La coutume a fixé des peines pour chaque délit; mais chez les Berdourânis le djirga décide souverainement.

Le jugement impose toujours au condamné des excuses publiques, et, dans les cas graves, un certain nombre de jeunes femmes de la famille du coupable sont données en mariage à la partie plaignante et à ses parents.

On fait toujours le semblant d'abandonner le coupable à la merci de l'offensé, pour que celui-ci lui applique la loi du talion; mais la coutume exige qu'il s'en tienne à la décision du djirga, et accepte la compensation réglée par le tribunal. Ensuite les deux parties doivent, en guise de réconciliation, se saluer mutuellement du *Salam alëikom*, est. presque toujours, cette réconciliation est sincère. Si l'accusé refuse de comparaître, quelquefois on le juge par défaut, ou bien on le fait comparaître par la force, ou bien encore on charge les mollahs de le maudire, de livrer ses biens au pillage et de l'expulser de la tribu. Il en est de même pour le condamné qui refuse de se soumettre au jugement : mais souvent aussi le djirga, après avoir prononcé sa sentence, intercède auprès du plaignant pour qu'il en remette une partie au condamné.

Dans les cas très-graves, comme, par exemple, dans celui d'un homicide, le coupable prend ordinairement la fuite et quitte sa tribu. Mais s'il ne peut se résoudre à ce parti vio-

Caboul.

lent, il lui faut obtenir son pardon des parents de la victime. Dans ce cas il va trouver quelque personnage considérable de la tribu, et le prie d'intercéder pour avoir son pardon. Dans les coutumes des Afghans, il est presque impossible de repousser un suppliant, et la personne à laquelle il s'est adressé est obligée de devenir son intercesseur. Il rassemble donc d'autres personnes respectables, des mollahs, des séides, et il se rend avec le coupable à la maison de la personne chargée de poursuivre la vengeance. Comme on ne peut pas refuser tous ces suppliants, la partie offensée, si elle ne veut pas transiger, n'a d'autre ressource que de s'enfuir avant qu'ils n'arrivent, ou de se cacher. Si on la trouve, le coupable se montre tout couvert de haillons; et, mettant une épée nue dans la main de son ennemi, il lui dit de disposer de sa vie comme il l'entendra. En même temps les chefs et les mollahs se jettent à terre dans l'attitude de suppliants, et intercèdent pour le coupable. La partie offensée doit alors pardonner le crime, et recevoir une indemnité.

La branche d'une tribu qui quitte l'oulous peut être adoptée par une autre. Les mœurs hospitalières des Afghans leur font, dans cette circonstance, une loi de traiter les nouveaux arrivants avec des égards tout particuliers. La tribu à laquelle ils viennent se réunir leur donne des terres pour leur subsistance, leur chef siége dans le principal djirga, et ils sont en tous points traités comme les autres membres de l'oulous, associés à sa fortune.

Toutefois il y a peu d'exemples de cette séparation.

Les individus qui abandonnent leur tribu par suite de querelles et sans vendre leurs terres, en obtiennent de nouvelles de la tribu à laquelle ils vont demander asile, et sont associés à ses priviléges. Ceux qui quittent leur tribu pour cause de pauvreté, et après avoir vendu leurs terres, peuvent être reçus dans d'autres tribus; mais ils n'y jouissent pas de tous les droits appartenant aux membres de la com-

munauté; ils sont assimilés aux Humsayéhs.

Tous les oulous ont attaché à eux un certain nombre de gens qui ne sont pas Afghans de naissance, et qu'on appelle pour cette raison Humsayéhs, c'est-à-dire voisins. Ils sont à peu près dans la position où se trouvaient les affranchis dans l'antiquité; et si dans l'Europe moderne on devait trouver une position analogue à la leur, ce serait celle des individus qui ne jouissent encore que des avantages de la petite naturalisation.

Ils n'ont pas de place au djirga; mais la garde de leurs intérêts est confiée à la division qui les a adoptés, et particulièrement aux individus auxquels ils se sont attachés.

C'est un point d'honneur pour tout homme de protéger ses Humsayéhs; aussi leur condition est-elle en réalité peu différente de celle des autres membres de l'oulous.

Les Afghans qui se joignent à un oulous après avoir quitté le leur par raison de pauvreté, sont assimilés aux Humsayéhs, mais ils sont mieux traités que les gens de cette classe.

Telle est, dans ses traits généraux, l'organisation de la tribu dans l'Afghanistan.

### § II. Des principales tribus.

Avant d'entreprendre la description particulière des principales tribus, nous rappellerons au lecteur que, malgré toutes les différences qu'il pourra remarquer entre elles, elles sont cependant toutes de la même race, parlent le même langage, et ne forment qu'une nation.

Notre description commencera par les tribus de l'est, et, suivant la frontière jusqu'à l'ouest, viendra finir au centre.

#### I. Les Berdouránts.

Les tribus qui habitent la partie nord-est de l'Afghanistan, comprise entre la chaîne de l'Hindou-Kouch, l'Indus, la chaîne des montagnes de Sel de celle de Soliman, sont désignées aujourd'hui sous le nom générique de

Berdourânis, qui leur fut donné dans le siècle dernier par Ahmed Shâh. Sous ce nom sont compris les Yousoufzis, les Othman-Khaïl, les Turcolânis, les Khyberis, et enfin les habitants de la plaine de Pechaver, conquise depuis 1830 par le roi de Lahore.

Les Berdourânis sont divisés en petites sociétés très-nombreuses. Comme c'est une population agricole, elle est aussi condensée sur un espace relativement moins considérable que les tribus en partie ou exclusivement nomades. En même temps, l'accroissement notable de son chiffre la force à empiéter presque perpétuellement sur le territoire de ses voisins; et ce qui est vrai des Berdourânis, en général, est encore vrai de leurs sociétés les unes par rapport aux autres. Aussi les Berdourânis sont-ils braves, mais querelleurs; actifs, industrieux et fins, mais égoïstes, processifs et peu honnêtes. Ils sont plus intolérants que les autres Afghans, et plus soumis à l'influence de leurs mollahs; ils sont aussi plus vicieux, plus débauchés, et, en somme, c'est parmi eux qu'on trouve les pires des Afghans.

La coutume de se réunir en associations est générale chez les Berdourânis, excepté chez les Yousoufzis. Les individus prennent l'engagement de s'aider mutuellement, soit dans certaines entreprises déterminées, soit dans tous les cas qui peuvent se présenter. Ces alliances s'appellent *goundis*, et comprennent un nombre de personnes indéfini. Les liens qui unissent deux membres du même goundi sont regardés comme plus forts que ceux du sang. Ils se doivent mutuellement le sacrifice de tout ce qu'ils possèdent, et même celui de leur vie. La guerre entre deux tribus ne dissout pas le goundi qui peut unir leurs chefs. Ceux-ci peuvent même se battre en se rencontrant sur le champ de bataille; mais à la paix, le goundi reprend sa force.

Il existe aussi des goundis entre les tribus.

Les Yousoufzis, la plus considérable des tribus berdourânies, n'occupe le sol sur lequel elle est établie que depuis trois cents ans. Ses traditions nous apprennent qu'elle vient de l'ouest, et probablement des frontières du grand Désert salé; mais son histoire est fort obscure. Ce qui est certain cependant, c'est que, soit qu'ils eussent été reçus par l'hospitalité des premiers occupants, soit qu'ils les aient vaincus par les armes, les Yousoufzis tiennent aujourd'hui leurs descendants dans un état de vasselage. Ces vassaux s'appellent *fakirs*.

Une fois maîtres du sol, les Yousoufzis le partagèrent entre les nombreux *khaïls* ou branches de leur grande tribu. Les terres de chaque khaïl lui appartiennent en propre et à perpétuité, circonstance à la suite de laquelle ils ont tendu, et sont arrivés de fait à former chacun une société indépendante. Mais, en partageant les terres entre les subdivisions dont se composait le khaïl, les Yousoufzis ont établi une loi assez singulière, et qui s'observe encore. Les terres allouées à chaque subdivision ne lui appartiennent que pendant un certain nombre d'années, à l'expiration desquelles on tire au sort les parts qui ont été faites dans le principe, et chaque subdivision s'établit sur les terres que la fortune lui désigne. Cette singulière coutume est fondée sur une idée de justice; elle a pour but de faire participer également tout le monde aux avantages comme aux défauts naturels du sol; et, chose plus singulière encore, elle s'observe assez fidèlement et sans causer de troubles, et même il ne paraît pas qu'elle nuise en rien à la culture.

Cette coutume s'appelle *ouaïche*, et est générale chez toutes les branches des Yousoufzis; quelques tribus voisines l'observent également. Toutefois, la période d'occupation des terres est très-variable. Dans certains cantons, l'échange se fait tous les ans; dans d'autres, tous les vingt ans; le plus généralement, tous les trois ou cinq ans [1].

[1] Il paraît que la même coutume existait jadis en Corse; Volney prétend même qu'on

Les Yousoufzis sont peut-être les plus turbulents et les plus guerriers de tous les Afghans. Il est impossible d'énumérer toutes les petites républiques divisées entre elles par des guerres avec leurs voisines, ou désolées à l'intérieur par des querelles intestines, entre lesquelles ils se partagent. Les Yousoufzis prétendent que toute leur population réunie s'élève au chiffre de neuf cent mille âmes; mais M. Elphinstone ne croit pas que, même en y comprenant les fakirs, ils atteignent celui de sept cent mille.

Les fakirs sont beaucoup plus nombreux que les Yousoufzis. Ce sont les descendants des anciens habitants, des Hindous, des Cachemiriens et même des Afghans, qui ont émigré à la suite de circonstances qui les ont réduits au rang de fakirs. La plupart des fakirs sont employés aux travaux de l'agriculture. Ils ne peuvent pas posséder de terres, ne sont considérés en rien comme membres de la société, et n'ont pas le droit d'assister aux djirgas. Le fakir doit obéissance à la personne dont il cultive la terre. Il paye une taxe à son maître, ou *Khaouend*, et lui doit un travail en nature, comme jadis les vilains d'Europe devaient la corvée à leur seigneur. Le maître peut battre et même tuer son fakir, sans que personne ait le droit d'y rien voir. Mais aussi le fakir est sûr en tout temps de l'active protection de son maître, qui ne permettra à personne de maltraiter son vassal. Le fakir peut exercer tous les métiers, et même prendre des terres à loyer à titre de *bazgar*, ou métayer, son maître ne pouvant exiger de lui rien de plus que la taxe établie et la corvée. En général, les fakirs sont très-doucement traités. C'est un déshonneur pour les maîtres de les opprimer; et, de plus, ils ont tou-

jours la ressource d'aller demander protection à un autre Yousoufzi, qui ne la leur refusera jamais.

Outre les travaux de l'agriculture, les fakirs sont encore maçons, tisserands, teinturiers, etc., métiers qu'aucun Afghan ne voudrait exercer. Il y a des fakirs forgerons, charpentiers, barbiers et tambours, qui ne sont pas attachés à des individus, mais à un village pour lequel ils travaillent, et dont ils reçoivent des terres en retour.

Les maisons des Yousoufzis sont généralement à toits plats en terrasse, et composées de deux pièces avec un porche ouvert. La seconde chambre est réservée aux femmes : les hommes se tiennent dans la première, y reçoivent leurs visites, etc. Dans la belle saison, c'est sous le porche. Ils couchent sur des lits très-bas, composés d'un châssis de bois; quelques couvertures, des vases de bois ou de terre, et quelques caisses pour les habits, composent tout leur mobilier. Ils mangent deux fois par jour; à déjeuner du pain et du lait, à dîner du pain, des racines, ou des légumes, et quelquefois, mais rarement, de la viande. Dans les grands jours de l'été, ils mangent encore à midi.

L'habit des hommes se compose d'une tunique de coton serrée à la taille, et tombant en larges plis jusqu'au-dessous du genou; elle est de couleur bleu foncé, ou teinte en gris avec l'écorce du grenadier. Ils portent encore un large turban blanc, des pantalons de coton, des sandales; et, pour compléter leur costume, un *Loungi* (grand mouchoir de soie et coton mêlés) qui pend sur l'épaule et vient s'attacher autour de la taille. Ils s'en servent tantôt comme de manteau et tantôt comme de ceinture. Ils ont toujours des habits plus soignés pour le vendredi (jour férié des musulmans) et les jours de fête. Ces habits sont ordinairement de soie.

Les femmes portent une robe fermée sur la poitrine et très-large par le bas, beaucoup d'ornements d'or et d'argent. Aucun des deux sexes ne porte la longue chemise, si commune

---

l'y trouvait encore à la fin du siècle dernier. Tacite (*Germania* XXVI) assure qu'elle était établie chez les anciens Germains, et César nous dit aussi : « Neque quisquis aut agri « modum certum aut fines proprios habet, « sed magistratus ac principes in annos sin- « gulos gentibus cognationibusque homi- « num, qui una coierunt, quantum iis et « quo loco visum est attribuunt agri, atque « anno post alio transire cogunt. »

chez les autres Afghans. Les femmes des Yousoufzis se dérobent avec beaucoup de soin aux regards des étrangers; jamais elles ne sortent sans se couvrir de leur *Bourka*, manteau qui les enveloppe complétement depuis la tête jusqu'aux pieds. Elles ne travaillent pas hors de chez elles; et celles des pauvres gens, qui sont obligées d'aller chercher de l'eau elles-mêmes pour les besoins de leur famille, ne le font jamais que la nuit.

Il y a des rues dans les villages; et quoiqu'elles ne soient pas régulières, elles sont cependant toujours très-propres, et le plus souvent ombragées de mûriers et d'arbres fruitiers. Chaque maison a son petit jardin, avec quelques treilles de raisin.

Comme tous les métiers sont exercés par les fakirs, il n'y a que les plus pauvres des Yousoufzis qui travaillent. Quelques-uns prennent part aux travaux agricoles; mais c'est plutôt pour donner l'exemple à leurs gens que pour travailler sérieusement eux-mêmes. Le plus ordinairement ils se réunissent au *Houdjra*, sorte de maison commune, où, surtout pendant l'hiver, ils passent la plus grande partie de leur temps à causer et fumer autour du feu. Là ils trouvent des *Kalián* (pipes) destinées au public; car généralement ils ne fument pas chez eux. Quelquefois ils y font venir des femmes ou des enfants, pour les amuser par leurs danses et leurs chants. Les seuls exercices auxquels les hommes se livrent sont ceux du sabre, de l'arc et du fusil.

Les Yousoufzis vivant au milieu d'un peuple conquis, comme les Spartiates au milieu des Ilotes, ont tout l'orgueil et l'arrogance d'un peuple de vainqueurs : engagés dans des querelles et des guerres perpétuelles, ils sont irritables et ombrageux à l'excès. Ce sont généralement des gens vigoureux, au beau teint, aux yeux vifs et gris, à la barbe et à la tournure militaire. Ils sont braves et hospitaliers, mais moins que les tribus de l'ouest. Ils sont cependant généreux pour les leurs. Si l'un d'eux

est trop pauvre pour avoir des domestiques, on le voit souvent s'exiler lui-même, partir pour la Mecque, ou prendre du service militaire dans l'Inde. Mais s'il a su se faire aimer et respecter, on ne connaît pas plutôt sa détresse, qu'une souscription est ouverte pour venir à son secours, et le mettre à même de rester au milieu des siens dans une position convenable.

Les Yousoufzis du haut pays sont remarquablement sobres, et exempts des vices qui dégradent ceux des plaines. Ceux-ci se livrent avec la plus dégoutante publicité aux habitudes les plus révoltantes, au jeu, à l'ivresse de l'opium, du chanvre fermenté, etc. Et, cependant, ces mêmes tribus sont remarquables pour leur aveugle soumission à la tyrannie de leurs mollahs. Dans les montagnes, il en est tout autrement, les mœurs y sont cent fois meilleures; et cependant le respect pour les prêtres y est beaucoup moindre. On raconte l'histoire de quelques montagnards qui, ayant trouvé un mollah occupé à copier le Koran, lui coupèrent la tête, dans un mouvement d'indignation : « Vous prétendez, disaient-ils, que ces livres viennent de Dieu, et voilà que nous vous prenons à les fabriquer vous-même. » Les gens de leur village les blâmèrent de leur précipitation, et ils en furent quittes, lorsqu'on leur eut expliqué leur erreur, pour reconnaître qu'ils avaient agi légèrement.

Nous mentionnerons en passant les tribus des Turcolânis, d'Othman-Khaïl, des Momend, etc., qui appartiennent aussi aux Berdourânis, mais dont les mœurs ressemblent trop à celles des Yousoufzis pour que nous nous y arrêtions. Nous parlerons cependant des Khyberis, à qui leur position géographique a toujours donné de l'importance, et sur lesquels des événements récents ont appelé l'attention.

Les Khyberis habitent les têtes des nombreux rameaux qui se détachent du Séfîd-koh. Ils prennent leur nom de la passe ou vallée de Khyber, située sur la rive droite de la rivière de Caboul, et qui est la seule route encore pratiquée entre Pechaver et Djellalabad, ou autrement dit entre l'Inde septentrionale et l'Afghanistan. C'est là ce qui en fait, en ce moment, un point si important pour les armées anglaises.

Le pays des Khyberis est très-accidenté. La partie haute se compose de montagnes à peu près impraticables, et la partie basse de riches mais étroites vallées.

Le climat varie depuis le froid le plus rigoureux jusqu'à une chaleur excessive. En général, il est froid; mais les vallées où l'air ne circule pas deviennent, pendant l'été, des foyers de chaleur intolérable.

Les Khyberis se partagent en trois tribus indépendantes : les Afridis, les Chaïnouaris et les Ouroukzis, représentant une population totale d'environ cent vingt mille âmes. Ces tribus sont à peu près indomptables dans leurs repaires; et, d'un autre côté, l'importance de la passe de Khyber a jusqu'ici forcé tous les conquérants, depuis Alexandre jusqu'à Nadir Shah et les Anglais, à entrer en composition avec elles. Elles ont toujours reçu des subsides considérables des princes de l'Afghanistan, à condition qu'elles répondraient de la sécurité de la route; mais telles sont leurs habitudes de rapine, que les voyageurs isolés n'ont jamais pu passer en sûreté dans leurs montagnes, et qu'en temps de désordre dans le pays, il devient toujours impossible de traverser leur territoire. La dangereuse passe de Khyber a environ vingt-cinq milles de long, tantôt côtoyant le flanc de montagnes à pic sur des sentiers à peine assez larges pour un chameau chargé, et tantôt traversant des gorges qui n'ont pas toujours quinze pieds de large. Quelquefois encore la route suit le lit de torrents qu'une pluie soudaine peut gonfler en noyant les voyageurs. En tout temps il faut craindre, dans ce redoutable défilé, et au milieu de cette nature encore tourmentée par les tremblements de terre, les chutes soudaines de rochers, les éboulements des montagnes. En temps calme, les

Khyberis ont, sur divers points de cette route, des stations où ils lèvent un droit de péage sur les voyageurs; mais, en temps de trouble, ils se mettent tous en campagne.

Les Khyberis sont petits, mais musculeux : ils ont des figures maigres, de grands nez, les pommettes des joues saillantes, le teint très-brun. Ils portent des turbans et des tuniques d'un bleu foncé, serrées sur le corps et descendant jusqu'au milieu de la jambe; pour chaussure, ils ont des sandales de paille tressée, ou de feuilles du palmier nain. Ils sont armés de longs fusils à grande portée, et qu'ils appuient sur une fourchette pour s'en servir; leurs sabres et leurs lances sont courts.

Les maisons des vallées sont à toits en forme de terrasse; mais, dans les montagnes qu'ils habitent en été, ils ont des huttes en nattes. Lorsque l'hiver chasse les pasteurs dans les basses terres, ils se logent pour la plus grande partie dans des cavernes creusées au pied des montagnes.

Ce sont d'excellents tireurs et de bons soldats de montagne. Mais leur grande affaire, c'est le pillage; et dans les armées, où ils ont figuré comme auxiliaires, on les a toujours vus prêts à piller en toute occasion les bagages des leurs. En somme, ce sont les plus voleurs et les plus dangereux de tous les Afghans.

### § 2. Tribus de Damân.

Damân, dans son sens le plus étendu, désigne tout le pays compris entre les montagnes Salées, les monts Soliman, l'Indus et le Sind supérieur; mais on peut le diviser en trois régions bien distinctes : 1° la plaine de l'Indus, habitée en grande partie par les Béloutchis, et appelée Mackelwâd; 2° le pays des Marvâts; 3° celui qui s'étend au pied des montagnes, ou Damân proprement dit.

Le Mackelwâd s'étend le long de l'Indus sur un espace de cent vingt milles environ; sa largeur moyenne est de vingt-cinq ou trente milles. C'est une plaine basse, sans gazon, parsemée de buissons d'environ un pied de haut, de bouquets de tamarin, et d'une espèce d'arbre appelée *djât*, qui s'élève à une hauteur de quinze ou vingt pieds. Le sol sous l'influence du soleil se change promptement en une poussière blanchâtre. Il semble être composé du limon du fleuve qui inonde en été une grande partie du pays, en même temps que les torrents des montagnes, gonflés par la fonte des neiges, descendent dans la plaine et couvrent tout le plat pays. Rarement cette eau est profonde; on dirait le fond d'un étang; et quand elle se retire, les canaux qu'elle s'est creusés elle-même deviennent de profonds ravins.

Les rives du fleuve sont couvertes de joncs très-épais, de tamarins où les sangliers, les cerfs, et toute espèce de gibier, sont très-abondants. Autour des villages, comme en Égypte, on trouve souvent des bois de dattiers, qui sont les seuls grands arbres de la plaine. Là où elle est cultivée, elle est très riche; mais dans la plus grande partie elle est en friche, faute de bras pour la mettre en valeur. On y élève de grands troupeaux de chameaux de la même espèce que ceux de l'Indoustan.

La population se compose de Djâts et de Beloutchis, noirs de teint, petits et maigres.

Le pays des Marvâts présente des plaines arides et sablonneuses, séparées entre elles par des chaînes de collines. Sa fertilité dépend exclusivement des pluies.

La moitié, peut-être, des Marvâts sont fixés dans des villages livrés aux travaux de l'agriculture; le reste erre dans les plaines avec des troupeaux de chameaux, logeant sous des huttes de branches d'arbres avec des toits en paille. Ce sont des hommes grands et forts.

Cette partie du Damân a peut-être une superficie de trente-cinq milles carrés, et n'est que peu peuplée.

Le Damân proprement dit, au sud des Marvâts, s'étend au pied des monts Soliman, sur une longueur égale à celle du Mackelwâd; sa largeur varie depuis huit ou dix milles jusqu'à trente et au delà. Il est habité par les Dou-

let-Khails, les Gandihpours, les Miân-Khails, les Baubours et les Stourianis, toutes tribus, à l'exception des Gandih-pours, que l'on désigne sous le nom général de Lohânis. Les Esau-Khails, les Marvâts et les Kheïssores sont quelquefois compris aussi sous cette dénomination.

Ce pays ressemble beaucoup au Mackelwâd; mais il est bien mieux cultivé, surtout dans les terres des Dou-let-Khails.

Les produits naturels de ces trois régions sont semblables à ceux de l'Inde. On y élève beaucoup de dromadaires, surtout dans le Damân proprement dit. La robe de ces animaux est d'une couleur plus foncée que celle des chameaux ordinaires; leurs jambes sont plus courtes et plus fortes. Les pâturages du Damân sont excellents et très-abondants. Aussi beaucoup de tribus de pasteurs viennent-elles y passer l'hiver, saison pendant laquelle le climat est très-agréable. Les chaleurs de l'été sont excessives.

Des différences assez marquées distinguent les tribus du Damân de leurs voisins les Berdourânis. Les hommes sont généralement plus osseux, plus vigoureux, et portent de longs cheveux et de longues barbes. Ils mangent plus de viande, et vivent plus du produit de leurs troupeaux; ils laissent leurs femmes paraître en public sans la plus légère contrainte. Beaucoup de gens dans ces tribus sont adonnés à la vie pastorale; et presque tous ceux-là sont marchands, ou du moins se chargent de transports pour le compte des négociants. Ils sont généralement simples, honnêtes, moins querelleurs que leurs voisins, moins intolérants, moins adonnés à tous les vices qui dégradent la nature humaine.

Longtemps en proie à l'anarchie, ces tribus ont imaginé, pour y remédier, la création d'une magistrature temporaire investie de pouvoirs suffisants pour maintenir la paix, mais en même temps empêchée, par le court espace de temps assigné à ses fonctions, de porter ombrage à la liberté des tribus. Cette magistrature est le trait le plus important qui distingue surtout les tribus de Damân des autres peuplades de l'Afghanistan ; car il n'y a que très-peu d'autres tribus qui sur ce point aient suivi leur exemple

Ces magistrats sont, dans quelques tribus, élus par les Maleks, et dans d'autres par les chefs des familles. Ils sont choisis pour leurs qualités personnelles, pour l'étendue de leurs relations, pour leur importance individuelle ; et ils sont armés de pouvoirs suffisants, pour maintenir l'ordre, en infligeant des amendes et même des châtiments corporels. Ils sont pris, dans de certaines proportions, du sein de chaque khaïl ; et comme ils étaient d'abord quarante, ils en ont reçu le nom de *Chelouashtis*, car *chelouasht* veut dire quarante dans le dialecte des Afghans. Ils sont sous les ordres d'un chef ou émir des Chelouashtîs. Toute la tribu obéit toujours aux ordres de ce chef, auquel elle promet obéissance par serment le jour de l'élection. C'est une fonction importante et même lucrative, car le produit des amendes frappées par les Chelouashtîs se partage entre eux. Les pouvoirs de l'émir des Chelouashtîs sont ordinairement annuels ; mais quelquefois on en choisit un pour une marche, pour une guerre ; et ses pouvoirs expirent avec l'occasion qui les lui a fait confier.

Toutes ces tribus ont des *Ryots* ou paysans attachés à la glèbe, descendant d'une population vaincue, ou d'esclaves achetés, ou encore d'émigrés chassés de leur pays par des circonstances particulières. Ce sont des *Djâts* ou cultivateurs de race indoue, des Beloutchis et des Indous. Ils ne peuvent posséder de terres, et vivent avec les personnes dont ils habitent les propriétés, à peu près dans les mêmes rapports que les fakirs avec les Yousoufzis. Dans le Damân cependant les Ryots ne peuvent pas à leur gré changer de maître sans le consentement de celui à qui ils appartiennent. Toutefois ce consentement n'est pas difficile à obtenir. D'ailleurs ils peuvent toujours changer de tribu ; on n'oserait pas les réclamer, et la tribu à laquelle ils auraient demandé protection ne pourrait les abandonner sans déshonneur.

Outre les tribus que nous avons nommées et qui sont fixées dans le Damân, tout ce pays est plein pendant l'hiver de campements des Soliman-Khails, des Karotis, des Nassirs et d'autres tribus errantes, qui viennent y chercher un abri contre la rigueur du climat de leurs montagnes. Ceux qui ont des chameaux vont dans le Mackelwâd, et ceux qui ont des moutons dans le Damân.

### 3. Tribus des monts Soliman.

Les tribus qui habitent cette partie de l'Afghanistan sont très-peu connues et nous ne parlerons que des deux principales, les Shirânis et les Viziris.

Les Shirânis, qui occupent les dernières ramifications méridionales des monts Soliman en descendant vers l'Indus, habitent de petits villages de trente ou quarante maisons. Ils creusent ces maisons dans la terre au pied des élévations du terrain, de telle sorte que sur trois côtés c'est la terre même qui sert de murs à leurs habitations. Chacune de ces maisons ne contient qu'une chambre fermée, seulement pendant la nuit, par un treillage de bois. Même pendant l'hiver ils ne défendent pas mieux leurs maisons contre le froid ; ils couchent alors autour du feu sur des tapis de feutre, enveloppés dans leurs manteaux de peaux de moutons. Les forêts leur fournissent en abondance le bois à brûler, et ils s'éclairent avec des torches en bois de pin.

Ce sont des hommes de moyenne taille, maigres mais vigoureux, braves et actifs. Ils s'habillent avec deux couvertures de feutre noir et grossier ; l'une enveloppe le corps, et l'autre est jetée en arrière sur les épaules. Ils portent des sandales en cuir de bœuf, et complètent leur costume avec quelques aunes de toile de coton blanche, roulée autour de la tête en turban. Ils se marient tard, et se distinguent des autres Afghans sous ce rapport que chez eux c'est le père qui donne une dot à sa fille, au lieu de recevoir de l'argent de son gendre. Les femmes ne sont employées qu'aux travaux domestiques et à ceux de la moisson.

Ils n'ont ni domestiques, ni esclaves. Le chef appelé le *Nika*, c'est-à-dire, dans le dialecte de l'Afghanistan, grand-père, jouit d'une très-grande autorité dans sa tribu ; on lui paye comme redevance un mouton ou un bœuf par troupeau. C'est lui qui commande à la guerre et rend la justice.

On trouve dans chaque village un mollah, qui reçoit la dîme du produit de la terre et des troupeaux. La plupart des Shirânis apprennent à lire le Koran, et sont en général très-exacts à remplir leurs devoirs religieux.

Ils sont en guerre avec toutes les tribus qui traversent leur pays dans leurs migrations annuelles ; on peut même dire qu'ils sont en guerre avec tout le monde, car ils pillent impitoyablement tous les voyageurs, et ne cessent de faire des incursions sur leurs voisins du Damân. On s'accorde cependant à dire qu'ils sont extrêmement fidèles à la parole qu'ils ont une fois donnée, et qu'un voyageur sous l'escorte d'un Shirâni peut traverser tout le pays dans la plus parfaite sécurité.

Le pays très-étendu des Viziris est au nord de celui des Shirânis, au milieu des plus hautes montagnes de la chaîne des monts Soliman, jusqu'au Séfid-koh. Le pays des Viziris est à peu près inconnu, et ils ne sortent presque jamais de leurs montagnes. Voici le compte qu'en rendent les Afghans :

Les Viziris ne sont pas organisés en corps obéissant à un chef, commun ; ils vivent par petites associations, les unes obéissant à un chef et les autres gouvernées par les principes de la plus pure démocratie : cependant toutes ces petites sociétés se distinguent par l'accord qui règne entre elles. Pillards déterminés, il suffit cependant de la protection de l'un d'eux pour assurer au voyageur une réception hospitalière dans toute la tribu. Mais ils refusent toute escorte aux tribus nomades qui traversent leur territoire, et chaque année elles doivent livrer un combat pour aller retrouver au sud leurs pâturages

d'hiver. Dans ces guerres ils ne font aucun quartier aux hommes, mais d'un autre côté ils respectent toujours les femmes ; et si l'une d'elles vient à tomber dans leurs mains, ils la reçoivent avec respect et lui donnent une escorte pour retourner à sa tribu. Ceux des Viziris qui sont fixés habitent de petits villages à maisons en terrasse, ou bien des cavernes creusées de mains d'hommes dans les montagnes. Mais la plus grande partie de la tribu vit sous des tentes, habite les montagnes avec ses troupeaux pendant l'été, et vient passer l'hiver dans les vallées.

Leur costume est le même que celui des Shirânis. Leurs armes sont le sabre, le bouclier, et un fusil à mèche dont ils se servent, dit-on, avec beaucoup d'adresse. Ils font ces armes eux-mêmes, car leur pays est très-riche en minerai de fer, qu'ils savent fondre et forger. Leurs manières sont hautaines et fières, mais ils sont remarquablement polis entre eux et avec leurs hôtes. Telle est leur réputation de véracité, que si l'un d'eux affirme quelque chose en touchant sa barbe, tous les autres le croient sans discussion. Ils ont, dit-on, un usage fort singulier, au moins pour l'Asie : les femmes ont le droit de choisir leur mari. La femme qui veut épouser un homme qui lui plaît charge le tambour du camp d'attacher un mouchoir au bonnet de celui qu'elle aime, avec une des aiguilles qui servent à retenir ses cheveux. Le tambour choisit son moment, s'acquitte de son message en public, nomme la personne qui l'a chargé de la commission ; et celui qui a reçu la déclaration est obligé d'épouser.

### 4. Dourânis.

Les tribus que nous avons décrites jusqu'ici sont répandues dans des plaines basses, ou bien fixées dans de hautes montagnes. Les plaines sont chaudes, fertiles, assez bien peuplées, et habitées le plus ordinairement par des populations agricoles. Les montagnes sont élevées, difficiles, couvertes de forêts ; leurs flancs sont déchirés par de profondes vallées qu'habitent des tribus séparées les unes des autres, et connues seulement au monde par leurs méfaits contre les voyageurs ou leurs incursions contre leurs voisins. Tel est le caractère général du pays et de ses habitants.

Les tribus et le pays que nous avons à décrire maintenant se présentent sous des caractères tout différents. Ce sont des plaines généralement sablonneuses, coupées çà et là de collines peu élevées, désertes en quelques endroits, dans d'autres mal cultivées, nues, ouvertes, et habitées sur leur plus grande étendue par des pasteurs nomades. Répandus sur un espace considérable, les Afghans de l'ouest sont trop éloignés les uns des autres pour avoir les vices qu'engendre toujours une grande agglomération de population, ou pour être déchirés par les discordes intestines qui en sont la suite. Chaque tribu promène ses troupeaux dans de vastes plaines, dans des pâturages qui souvent n'ont pas de maîtres, que ne lui dispute aucune tribu rivale et même souvent aucune tribu voisine. De même chacune de leurs petites sociétés agricoles fixée sur les bords d'une rivière les cultive, isolée de toute autre population agricole; et dans son sein elle n'a à redouter aucune discorde intérieure, certaine qu'elle est d'avoir toujours des terres abandonnées à offrir aux nouveaux arrivants ou à l'augmentation de sa population. Cette rareté de la population, en retardant le développement des arts d'une civilisation raffinée, empêche aussi le développement des vices qu'on trouve toujours dans les pays populeux, et conserve aux Afghans de l'ouest une simplicité primitive, qui nous reporte aux premiers âges du monde, aux récits des saintes Écritures.

Le trait le plus saillant qui distingue les Afghans de l'ouest de ceux de l'est, c'est la proportion considérable des pasteurs. Leur lieu de campement pour l'été s'appelle *Ilâk* et pour l'hiver *Kishlâk,* deux mots que les Afghans et les Persans ont empruntés aux Tartares. Les tentes des Afghans sont de feutre noir et grossier, comme celles des Persans, et s'appellent *Kizdhi* dans le dialecte des Afghans, *Siahtchâdar* en persan, et *Karaoui* en turc. Tous ces mots veulent dire tentes noires. Les tentes des tribus qui voyagent peu sont toujours plus grandes et meilleures que celles des tribus très-mobiles.

Il ne faudrait pas conclure de ce qui vient d'être dit que tous les Afghans de l'ouest sont pasteurs, au contraire. Quoique les pâturages occupent un espace beaucoup plus considérable que les terres cultivées, cependant le nombre des habitants des villes ou des cultivateurs est en réalité plus grand que celui des peuplades errantes.

Certains cantons de leur pays, surtout autour des villes, sont aussi bien cultivés que les terres d'aucun autre pays du monde; dans ceux éloignés de toute ville on rencontre aussi des parties très-bien cultivées; et même dans les régions les plus désertes on trouve encore des terres où la charrue a passé.

Le pays des Dourânis s'étend sur un espace d'environ quatre cents milles de long, et d'une largeur moyenne de cent vingt à cent quarante milles.

Il est borné au nord par la chaîne du Paropamisus, qu'habitent les Eimâks et les Hazârehs; à l'ouest par le grand désert salé de la Perse; au sud par la chaîne du Kodja Amrân, qui le sépare des Câkers; à l'est enfin il confine au pays des Ghildjis. Toute cette étendue de terrain est presque égale à l'Angleterre proprement dite; mais il va sans dire qu'elle est infiniment moins peuplée.

Les Dourânis s'appelèrent Abdâlis jusqu'au temps où Ahmed Shah, sur le rêve d'un saint personnage, changea leur nom en celui de Dourânis, et prit lui-même le titre de Shah Douri Dourân. Ils sont partagés en deux grandes branches : celle de Zirak et celle Pundjpau; mais aujourd'hui ces distinctions sont de peu d'usage. Celle de Zirak est cependant de beaucoup la plus illustre. De ces branches sortent neuf rameaux, dont quatre ap-

partiennent à Zirak, et cinq à Pundjpau.

|          |  |
|----------|--|
| Zirak.   | Populzis. / Allekozis. / Barakzis. / Atchikzis. |
| Pundjpau. | Nourzis. / Alizis. / Iskhâksis. / Khouganis. / Mâkous. |

Les Populzis ont eu jusqu'à ces dernières années l'honneur de fournir des
souverains à l'Afghanistan. La famille royale est sortie de la petite fraction des Saddozis, qui a longtemps
été le Khân-khaïl (famille princière)
des Populzis et de tous les Dourânis. Il
est probable que les Saddozis sont
la plus ancienne branche de toute la
tribu.

Les Populzis habitent la partie inférieure de la vallée de la Ternak ; d'autres sont fixés à Candahar et une
nombreuse émigration ; motivée sans
doute par des querelles politiques, a
fondé jadis une colonie à Moultan
dans le Pendjab. Le reste des Populzis
habite dans le pays montueux au nord
de Candahar. Les calculs les plus modérés des indigènes portent leur nombre à douze mille familles. La plus
grande partie est vouée aux travaux
de l'agriculture.

Après les Populzis, la branche la
plus illustre est celle beaucoup plus
nombreuse des Barakzis, qui dans ces
derniers temps a aussi produit des
souverains. Elle habite le pays au sud
de Candahar, la vallée d'Urghessân,
les bords de l'Helmend, et les plaines
brûlantes que traverse cette rivière.
Ceux qui habitent près de Candahar
ou sur les bords immédiats de l'Helmend sont agriculteurs ; mais la plus
grande partie des Barakzys se compose
de pasteurs nomades.

Ils ne comptent pas moins de trente
mille familles.

Les Atchikzis ne sont qu'un ra-
meau des Barakzis, détaché du tronc
par Ahmed Shah pour affaiblir un clan

déjà trop puissant. Ils habitent la chaîne
des Kodja Amrân ; ils sont exclusivement pasteurs et pillards.

Les Allekozis ne comptent pas plus
de dix mille familles, sont surtout
agriculteurs, et sont séparés des Nourzis par l'Helmend.

Les Nourzis sont aussi nombreux
que les Barakzis ; mais fixés dans le
désert, sur la frontière du sud-ouest,
ils ne font pas une aussi grande figure
Presque tous sont pasteurs, et constamment en guerre avec leurs voisins
les Beloutchis.

Les Alizis qui comptent quinze mille
familles sont surtout agriculteurs.

Les Iskhâkzis, voisins du désert de
l'ouest, se partagent à peu près par
moitié entre l'agriculture et la vie des
pasteurs nomades.

Les Khougânis et les Makous sont
de petits clans qui n'ont pas de terres
à eux et vivent au milieu des autres
tribus, ou à Candahar.

En somme, la population Dourânie
s'élève au moins à huit cent mille
âmes.

Les institutions des Dourânis diffèrent essentiellement de celles des autres
tribus, quoiqu'il soit certain que dans
l'origine elles ont été fondées sur les
mêmes principes.

La différence paraît surtout résulter
des rapports particuliers des Dourânis avec le souverain, et des obligations militaires sous lesquelles ils tiennent leurs terres. Le roi est le chef
héréditaire de la tribu, et aussi par
conséquent son chef militaire. Les
autres tribus doivent bien à la vérité
un service militaire à la couronne ;
mais ce n'est qu'une innovation intro-
duite longtemps après qu'elles avaient
conquis et cultivé leurs terres sans
le secours d'aucune puissance exté-
rieure ; tandis que les terres des
Dourânis leur furent données sous
condition de service militaire, et que
leur principal titre à la possession est
un don du roi. Tout leur territoire
avait été conquis par Nadir Shah, et
il ne leur fut rendu que sous la condition de fournir un cavalier par charrue ; condition dont les rois afghans

ont hérité après l'expulsion des Persans.

Les officiers de cette cavalerie sont aussi les magistrats civils du pays, et il en résulte que le pouvoir réel des sirdars Dourânis est plus grand que celui des chefs des autres tribus, appuyé comme il est sur les richesses et le crédit qu'ils tirent de leur position à la cour, où tous les grands emplois sont exclusivement aux mains des Dourânis.

Cette nombreuse tribu se compose, avons-nous dit, de pasteurs et d'agriculteurs. Les villages de ceux-ci ont ordinairement quatre rues aboutissant à une grande place située au centre. Souvent une pièce d'eau, et toujours un bassin, orne cette place; c'est là que les jeunes gens se rassemblent le soir pour se livrer à leurs exercices guerriers, et les vieillards pour jouir de ce spectacle, pour causer des exploits de leur jeunesse ou des affaires et de la politique.

Les maisons sont en briques cuites ou séchées au soleil, et cimentées avec de la boue mêlée de paille hachée. Les toits sont quelquefois en terrasse sur des charpentes, mais le plus souvent se composent de trois ou quatre petits dômes en briques, car le bois est très-rare dans ce pays. La plupart des maisons n'ont qu'une chambre de vingt pieds de long environ sur douze de large. De la maison d'habitation dépendent deux ou trois autres bâtiments construits exactement de la même manière, et destinés au bétail, au foin, à la paille, aux instruments d'agriculture. La plupart des maisons ont en avant une sorte de cour, ou d'espace réservé, dans lequel se tient la famille pendant la belle saison. La chambre est tendue de *Gallims* (espèce de tapis de laine) sur lesquels on étend des pièces de feutre pour s'asseoir. Les villages sont ordinairement entourés de vergers où l'on trouve tous les fruits de l'Europe, dans des enclos de mûriers, de peupliers, de platanes, etc. Il n'y a que peu de boutiques dans ces villages, et elles ne sont jamais tenues par des Afghans, mais on y trouve toujours un charpentier, un forgeron,

et au moins une mosquée, souvent plus d'une. Le mollah qui la dessert reçoit de chaque habitant une contribution de grains, sans compter ce qu'il gagne en apprenant à lire aux enfants. Ordinairement on voit sur la place du village une grande maison commune, où les habitants s'assemblent pour leurs affaires et pour leurs plaisirs.

Les plus riches font cultiver leurs terres par des *Bazgars* (métayers), ou par des journaliers, ou enfin par des esclaves. Ils se réservent la surveillance des travaux, et en cas de besoin mettent la main à l'œuvre. Les pauvres se font souvent les métayers des autres; mais ils travaillent rarement à la journée, condition qui appartient surtout aux *Tâdjiks*, ou aux Hamsâyehs afghans.

Une notable partie de la population agricole vit dans des tentes de feutre noir: mais pour cela elle ne sort pas de ses terres, et ne change de domicile que pour trouver selon la saison des sites plus agréables, ou pour être toujours présente sur le lieu des travaux.

Presque tous les villages sont bâtis près du château d'un khan. Ces châteaux sont enfermés dans des murs de peu d'épaisseur, et qui servent plutôt à isoler les habitants qu'à les défendre. Ils sont de forme carrée, et sur les côtés s'élèvent les bâtiments d'habitation. L'espace libre au milieu est une cour nue ou quelquefois un petit jardin; mais les véritables jardins, les troupeaux de chevaux et de chameaux sont toujours en dehors. A l'une des portes se trouve toujours le *Mihmân Khâneh,* ou maison des hôtes, dans lequel logent les voyageurs, et où les gens du village viennent causer avec les étrangers et apprendre les nouvelles.

Les Tâdjiks sont très-nombreux chez les Dourânis, mais, non plus que les Hamsâyehs, ils ne payent aucune taxe, ni ne sont soumis à l'esclavage où les Yousoufzis ont réduit leurs fakirs; on ne les considère pas comme des égaux, mais l'idée que les Dourânis ont de leur propre supériorité repose sur le sentiment qu'ils ont de la noblesse de leur origine ou de leur courage, plutôt que sur aucun avantage légal.

Les Hamsâyehs vivent tranquillement au milieu des Dourânis; et comme ils n'arrivent jamais chargés de richesses, ils ont toujours plus à se louer de leur hospitalité qu'à se plaindre de leur rapacité.

Les pasteurs Dourânis habitent principalement le pays montagneux entre Hérat et le Séïstân, et les vastes plaines du sud. On les trouve souvent mêlés à la population agricole, comme aussi on rencontre des agriculteurs au milieu des nomades. Tous ces pasteurs vivent dans des Kizhdïs ou tentes noires. Ces tentes ont ordinairement de vingt à vingt-cinq pieds de long, sur dix ou douze de large et huit ou neuf de hauteur. Elles sont portées sur trois ou quatre piliers qui dessinent l'arête du toit, lequel s'abaisse des deux côtés jusqu'à quatre ou cinq pieds de terre. L'espace intermédiaire est fermé par un rideau qui descend du bas du toit, et vient s'attacher sur le sol à des piquets. Tout l'édifice se compose d'un feutre grossier quelquefois simple et quelquefois double, qui donne un excellent abri contre la pluie; les fils grossiers dont il se compose s'enflent aux premières gouttes d'eau et deviennent bien vite imperméables. Cette tente coupée par un rideau donne deux appartements, l'un pour les hommes et l'autre pour les femmes. Tous les pasteurs, même les plus pauvres, outre cette tente en ont encore une autre pour leur troupeau. Une tente comme celle que nous venons de décrire coûte environ deux tomans, ou à peu près cent francs.

Les campements se composent de dix à cinquante tentes, rarement de plus : on les plante sur une ou deux lignes, suivant leur nombre ou la nature du terrain. La tente du Malek est toujours au milieu de la ligne. A l'ouest du camp est un espace réservé, dont les limites sont marquées avec des pierres et qui sert de mosquée; à quelque distance on voit souvent une tente destinée aux étrangers.

Tel est l'ordre de leurs campements d'hiver, lorsqu'ils se rapprochent des lieux où sont déposées les provisions destinées à nourrir les troupeaux pendant la mauvaise saison. Mais au printemps, lorsque l'herbe est partout abondante, les pasteurs se dispersent sur tout le pays, campent par deux et trois tentes, partout où ils trouvent un lieu qui les séduit. Le plaisir avec lequel les Dourânis parlent des heureux jours passés à cette époque de l'année est un sentiment si vif chez eux, qu'il faut les avoir entendus pour y croire. D'ailleurs si petits que soient ces campements, si perdues que paraissent ces retraites au fond d'une vallée, sur le bord de quelque ruisseau, il ne faut pas croire pour cela que leurs heureux habitants y vivent dans une solitude complète. D'autres camps sont à peu de distance, et l'on se donne des rendez-vous pour chasser, pour causer, pour danser ensemble. Quelquefois aussi on y reçoit la visite d'un marchand ambulant, d'un musicien errant, ou d'un voyageur qui vient demander un abri sur la foi des mœurs hospitalières de leurs propriétaires, et qui paye sa bienvenue par le récit de ses aventures et des nouvelles qu'il a apprises dans ses courses.

Les Dourânis ne vont jamais armés, si ce n'est en voyage : alors ils portent un sabre persan et un fusil à mèche, rarement un bouclier. Les gens riches ont une cotte de mailles, des carabines avec batterie à pierre, des pistolets, des lances. Quelquefois leur fusil est armé d'une longue baïonnette. Les Dourânis n'ont de querelles ni entre eux, ni avec leurs voisins, si ce n'est sur la frontière du sud-ouest : aussi les seules occasions qu'ils aient de montrer leur vaillance, c'est dans les guerres nationales, où ils se sont toujours montrés au premier rang et parmi les plus braves. Sous ce rapport ils jouissent d'une réputation sans égale dans l'Afghanistan.

Les Dourânis sont très-religieux. Il n'y a pas de village ni de campement où l'on ne voie un mollah; et cependant ils sont très-tolérants, même pour les Shiites. Les hommes et les femmes vivent et mangent ensemble dans l'intérieur de la famille, mais dans les fêtes ils sont toujours séparés. Les hommes se rassemblent souvent à la mosquée, au Houdjra, au Mimân-khâneh, pour y fumer, causer, parler des petits événements de leur société ou s'occuper des affaires politiques. La chasse à cheval, le tir au fusil sont encore des divertissements qu'ils aiment passionnément, et c'est chez eux surtout qu'on se livre à ces exercices guerriers, qu'on s'amuse à tous ces jeux qui occupent une si grande place dans la vie des Afghans de l'ouest. Ils dansent presque tous les soirs et ils ne se réunissent jamais sans chanter, ni sans écouter le récit de quelqu'une de ces histoires romanesques et merveilleuses qui plaisent tant aux Asiatiques. A tout prendre; on doit dire que cette tribu vit heureuse, et c'est incontestablement aussi celle de tout l'Afghanistan qui a le plus de vertus.

Comme dépendantes des Dourânis, nous mentionnerons les deux tribus des Baraïchis et des Terîn, qui habitent le pays de Shorâbak et la vallée de Péshîn, à l'ouest et au sud des Dourânis. Leurs mœurs sont absolument semblables à celles de leurs voisins, auxquels ils sont d'ailleurs unis par les liens du sang.

### 5. Les Ghildjis.

Le pays des Ghildjis forme au milieu de l'Afghanistan un parallélogramme, dont les grands côtés de l'est à l'ouest ont environ cent quatre-vingts milles de long et les petits côtés quatre-vingt-cinq milles. Au nord il est borné par la chaîne du Paropamisus, à l'est par le Kohistân et les Berdourânis dont nous avons déjà parlé, au sud par la chaîne des monts Soliman, à l'ouest par le pays des Dourânis.

Toute cette contrée s'étend sur une terrasse fort élevée au-dessus du niveau de la mer; l'hiver y est très-long, et aussi froid que dans le nord de l'Europe; l'été n'y est pas beaucoup plus chaud qu'en France. Les deux villes de Ghazna et de Caboul sont situées dans ce pays.

Les Gildjis étaient jadis la plus célèbre des tribus de l'Afghanistan. Au commencement du dernier siècle, cette tribu avec ses seules forces conquit toute la Perse et vainquit les armées de la Porte Ottomane. Après une lutte acharnée, le troisième roi Gildji de la Perse fut expulsé par Nadir Shah; mais cependant quelques fragments de la tribu restèrent dans le pays, où ils ont peut-être encore jusqu'à ce jour conservé leur indépendance. Ils habitent la province de Kermân. Il y a aussi dans le pays des Usbeks des corps Ghildjis, qui y jouissent d'une haute réputation; ce sont probablement des tribus déportées à Bokhara par Nadir Shah, ou bien des émigrés volontaires qui se sont éloignés lors de l'abaissement de leur tribu. Les Ghildjis semblaient avoir accepté la supériorité des Dourânis élevés sur leurs ruines, mais les derniers événements qui se sont passés dans l'Afghanistan tendent à faire croire que les Ghildjis songent aujourd'hui à reconquérir la suprématie. Ce sont les Ghildjis qui au mois de novembre 1841 ont donné le signal de l'insurrection dans laquelle sir A. Burnes, sir W. Mac-Naghten et l'armée du général Elphinstône ont péri.

Les Ghildjis qui représentent la tribu la iplus nombreuse de l'Afghanistan, comptent au moins cent vingt mille familles et un million d'habitants. Ils sont divisés en deux grandes branches principales de Torân et de Bourhân, qui se subdivisent elles-mêmes en huit branches secondaires,

Les Ghildjis de l'ouest jusque sous le méridien de Ghazna ressemblent beaucoup aux Dourânis, mais cette ressemblance s'efface à mesure qu'on avance vers l'est. Ceux de l'est diffèrent complétement des Dourânis et même ceux des environs de Caboul sont très-différents de ceux qui habitent plus au sud.

Le gouvernement intérieur des Ghildjis a très-peu de rapport avec celui des Dourânis; la perte du pouvoir royal a fait perdre aux chefs de la tribu presque toute puissance sur les leurs. Dans plusieurs localités, ils n'ont même pas eu assez d'autorité pour conserver l'unité de la tribu, qui s'est fractionnée, comme les Yousoufzis, en une foule de petites sociétés démocratiques, et parfaitement indépendantes les unes des autres. Mais dans le voisinage des villes, dans les lieux où l'autorité des souverains Dourânis pouvait se faire sentir plus aisément, le pouvoir des chefs est resté plus considérable; et c'est aussi dans ces circonstances que les Ghildjis sont le plus riches, le plus tranquilles et le plus heureux.

A tout prendre, les Ghildjis sont sous le rapport du caractère la seconde tribu de l'Afghanistan : ils sont plus turbulents et moins civilisés que les Dourânis; mais cependant c'est une population brave et honorable. De leur personne c'est la race la plus grande, la plus vigoureuse et la plus belle de l'Afghanistan.

### 6. Les Nassirs.

Toutes les tribus dont nous avons parlé jusqu'ici sont établies à demeure sur des territoires qui leur appartiennent : il en est autrement des Nassirs, ceux-là vivent sur les terres des autres.

Au printemps on les voit établis par campements de quatre ou cinq tentes sur le territoire des Ghildjis, au nord des monts Soliman; vers la fin de l'été ils se rassemblent par camps de deux ou trois cents tentes, et se mettent en marche par de courtes étapes, en quête de pâturages pour leurs troupeaux; puis quand l'automne tire à sa fin, ils tiennent conseil, lèvent leurs tentes, et se dirigent sur les chaudes plaines du Damân.

La tribu traverse alors le pays ennemi des Viziris en deux divisions; le khan et les moushirs décident l'ordre de la marche. Le rendez-vous général est à Kanzour sur le Gomal. Dans le commencement de cette longue migration ils traversent d'affreux déserts où ils ne rencontrent personne; mais à Kanzour, où ils se réunissent pour résister à l'ennemi, il ne se trouve jamais moins de trente mille personnes, avec leurs innombrables troupeaux de moutons et de chameaux. On conçoit le désordre qui doit régner dans une pareille assemblée. Pendant le jour des partis se détachent pour aller au fourrage et au bois; à la nuit, les vallées ordinairement si désertes retentissent des voix confuses de la multitude, des bêlements des moutons, des cris rauques des chameaux, des chants des Nassirs.

Lorsque tout le monde est réuni, on nomme des Chelouashtîs, et on prend définitivement la route du Damân.

De leur côté les Viziris, qui n'ont jamais voulu reconnaître ce droit de passage, se préparent à l'attaque. Les guerriers s'assemblent, les vigies postées sur les sommets des montagnes épient le silence de la solitude, jusqu'à ce qu'enfin elles entendent les rumeurs de la foule qui s'approche et débouche par les vallées sur les bords du Gomal. Aussitôt la nouvelle se répand dans le pays; les Viziris placés en embuscade dans tous les défilés des montagnes enlèvent les traînards, ou même attaquent ouvertement cette foule désordonnée, suivant le plus ou le moins de vigilance qu'ils remarquent chez leurs ennemis. Pendant ce temps de dangers, qui dure huit ou dix jours, les Nassirs se tiennent perpétuellement sur le qui-vive, toutes les querelles intestines sont oubliées, les Chelouashtîs sont obéis sans conteste, règlent l'ordre de la marche, et organisent la défense; des détachements d'hommes choisis éclairent la marche, protègent les flancs, couvrent l'arrière-garde, tandis que les autres conduisent les troupeaux et se tiennent prêts à repousser l'ennemi : et ils ont raison d'être vigilants, car les Viziris ne font jamais quartier, et tuent impitoyablement tous ceux qui tombent entre leurs mains. Enfin ils arrivent à la passe de Zir Kamy, débouchent dans les plaines et se répan-

dent dans tout le Damân, depuis la
frontière du Sind jusqu'aux montagnes des Marvâts. Leurs campements
ont toujours la forme d'un cercle, au
milieu duquel ils enferment leurs troupeaux pendant la nuit.

Puis quand la neige commence à
fondre sur Trône de Salomon, sur le
Takti-Souléiman, chaque campement
envoie un homme à la tente du khan
de la tribu, pour connaître le jour
du départ général; et à l'heure fixée
tout le monde se remet en mouvement
pour repasser les montagnes et rentrer
dans le pays des Ghildjis.

Bien que les Nassirs parlent le poushtou, ou dialecte de l'Afghanistan,
on les regarde comme appartenant à
une race distincte des Afghans; quelques auteurs prétendent que c'est une
tribu Beloutchie.

### § 3. Des habitants des villes.

La population des villes de l'Afghanistan se compose des descendants des
races vaincues, d'émigrés des autres
pays, d'esclaves, et de marchands, qui
sont tous des étrangers. L'importance
politique des villes est donc à peu près
nulle; d'ailleurs il n'y a véritablement
que trois villes dans l'Afghanistan :
Candahar, Ghazna et Caboul.

La ville de Candahar, située dans
le pays des Dourânis, est grande et
populeuse. M. Kennedy, médecin de
l'armée de Bombay qui a fait la campagne de 1839, estime la population
de Candahar au chiffre de 80 ou même
de 100,000 habitants. Quelques auteurs prétendent qu'elle fut fondée
par Lohrasp, roi persan de l'antiquité
la plus reculée; mais il est plus probable qu'elle fut élevée par Secander
Zoulkarnym, c'est-à-dire Alexandre
le Grand, dont elle porte encore le
nom. L'ancienne ville exista jusqu'à
l'établissement de la monarchie ghild-
jie, mais alors Shah Hussein la renversa
pour établir à sa place Husseinabad.
Nadir Shah la ruina à son tour pour
bâtir Nadirabad, et c'est Ahmed Shah
qui en 1753 traça le plan de la ville
actuelle, si remarquable par sa régu-
larité, surtout en Asie. Il donna à sa

nouvelle ville le titre de Ashref-el-
Belâd, la plus noble des villes; c'est
encore ainsi qu'elle est désignée dans
les documents officiels, mais le peuple
lui a conservé le vieux nom de Candahar, comme il a oublié aussi l'ancienne
épithète de Dâr-el-Karrar, asile du repos, que d'ailleurs les circonstances
ont bien peu justifié.

La forme de Candahar est celle d'un
rectangle bâti, comme nous l'avons
dit, très-régulièrement. Quatre larges
et longs bazars viennent se réunir au
milieu de la ville sur une place circu-
laire d'environ quarante ou cinquante
pas de diamètre, couverte d'un grand
dôme sous lequel débouchent les quatre rues principales. Cette place s'appelle le Chârsou; elle est entourée de
boutiques, c'est le principal marché public. C'est là où se font les proclama-
tions, où les cadavres des criminels
sont exposés aux yeux du peuple.
La plus grande partie des bazars conti-
gus sont également couverts, comme
c'est l'usage à peu près universel de
l'Asie.

Les quatre bazars ont à peu près
chacun cinquante pas de large; ils
sont bordés de boutiques de même grandeur et de même construction, au-
devant desquelles court un balcon
uniforme sur toute la longueur de la
rue. Ces boutiques n'ont qu'un étage.
A l'extrémité de chaque bazar sont
des portes qui conduisent dans la campagne, excepté à celui du nord, qui
conduit à la porte du palais du roi.

A l'extérieur ce palais a peu d'apparence, mais il contient plusieurs cours,
beaucoup de bâtiments et un grand
jardin réservé. Tous les bazars, excepté celui qui conduit au palais, étaient
jadis plantés d'arbres, et au milieu de
chacun d'eux courait un canal d'eau
pure; mais les arbres et les canaux
ont disparu. Il est juste de dire cependant que la ville est parfaitement ar-
rosée par deux canaux dérivés de
l'Urghendâb, que l'on passe dans plusieurs rues sur de petits ponts. A
ces canaux principaux on a fait des
coupures qui amènent des ruisseaux
dans presque toutes les rues de la ville;

quelquefois à ciel ouvert et quelquefois sous terre. Toutes les rues prennent leur ouverture sur les quatre bazars. Bien qu'étroites, elles sont régulières, et se coupent presque toujours à angle droit.

La ville est divisée en un certain nombre de mohallas ou quartiers, appartenant chacun à l'une des tribus ou des nations dont se compose la population de la ville. Presque tous les grands Dourânis ont des maisons à Candâhar, et quelques-unes sont grandes et belles.

Il y a à Candahar un grand nombre de caravansérais et de mosquées; mais de celles-ci une seule mérite d'attirer l'attention : c'est celle qui est voisine du palais. Le tombeau d'Ahmed Shah est aussi près du palais : ce n'est pas un grand monument, mais il a une belle coupole couverte de dessins et d'arabesques élégantes. C'est la ville où proportionnellement les Afghans, surtout les Dourânis, sont en plus grand nombre; mais cependant l'aspect général est plutôt persan qu'autrement. La grande masse des habitants se compose de Tâdjiks, d'Indous, de Persans, de Seistânis, de Beloutchis, d'Usbeks, d'Arabes, d'Arméniens, de Juifs.

Ghazna, jadis la capitale d'un empire qui s'étendait depuis le Tigre jusqu'au Gange, et depuis l'Oxus jusqu'au golfe Persique, n'est plus aujourd'hui composé que de quinze cents maisons, sans compter les faubourgs en dehors des murs. La ville elle-même est bâtie sur une hauteur au pied de laquelle coule un ruisseau assez abondant. Elle est entourée de murs en pierre, et contient trois bazars peu larges, avec de hautes maisons de chaque côté, et quelques rues obscures et étroites. On voit encore dans les environs quelques débris de l'ancienne splendeur de la ville, et entre autres deux grands minarets, dont le plus petit a au moins cent pieds de haut. La tombe du grand sultan Mahmoud, le fondateur de la dynastie des Ghaznévides, est à trois milles de la ville. C'est un spacieux bâtiment, mais sans

magnificence et couvert seulement d'une coupole. Les portes, qui sont très-grandes, sont de bois de sandal, et ont été rapportées, dit-on, par le sultan comme un trophée de sa dernière expédition dans l'Inde. La pierre tumulaire est de marbre blanc, sur lequel sont gravés quelques vers arabes du Koran, et est déposée la simple mais pesante masse d'armes que ce conquérant portait, dit-on, dans les batailles. On y voit aussi quelques siéges incrustés de nacre de perle, que la tradition dit avoir appartenus à Mahmoud.

On trouve encore à Ghazna quelques ruines moins remarquables, parmi lesquelles nous citerons le tombeau de Behloli Dana, Behloli le Sage, et celui de Hakim Sanâi, poëte encore estimé en Perse. Mais rien ne reste de la magnificence des anciens Ghaznévides, ni de leurs palais habités jadis par Firdoussi, l'Homère de l'Asie, ni des mosquées, des bains, des caravansérais, qui embellissaient la capitale de l'Orient.

La ville de Caboul, bien qu'aujourd'hui la capitale, est peut-être la moins remarquable des villes de l'Afghanistan. Elle est entourée de trois côtés par un demi-cercle de collines peu élevées, sur le sommet desquelles se développe un mur peu épais. Du côté de l'est est une ouverture défendue par un rempart : c'est l'entrée principale de la ville. Le Bala-hissar bâti sur une hauteur au nord de cette entrée est une espèce de citadelle qui renferme le palais du roi; aujourd'hui ce n'est guère plus qu'une ruine. Au centre de la ville est une place découverte, d'où partent quatre bazars élevés de deux étages, et couverts comme ceux de Candahar. La plupart des constructions de Caboul sont en bois, matière qui résiste mieux aux fréquents tremblements de terre qui désolent cette partie du pays. La richesse et la disposition des bazars sont vantées par tous les voyageurs. La ville est partagée en deux parties par la rivière qui porte son nom, et est entourée surtout du côté du nord et de l'ouest par des jardins et des vergers. Le plus joli paysage des environs est à la tombe de l'empereur Bâber, située sur une colline qui domine la ville, et entourée de fleurs et d'arbres magnifiques. La ville elle-même, les prairies et les vergers, entremêlés de nombreux villages et entourés de montagnes, donnent à ce point de vue un aspect enchanteur. Les charmes du climat et du paysage de Caboul ont été célébrés par une foule de poëtes persans et indiens. La beauté et l'abondance de ses fleurs sont proverbiales, et ses fruits jouissent d'une renommée sans rivale dans toute l'Asie.

Telles sont les villes de l'Afghanistan, habitées surtout, comme nous l'avons dit, par des races vaincues ou étrangères au pays. Les seuls Afghans qui habitent les villes sont les grands personnages politiques, avec les gens de leur suite, les soldats, les mollahs, et enfin quelques pauvres, mais en très-petit nombre, qui louent leurs services comme journaliers. Il n'y a pas d'Afghan qui tienne boutique ou exerce un métier manuel. Les artisans ou les boutiquiers sont pour la plupart des Tâdjiks dans l'ouest, et des Hindkis dans l'est, population d'origine indienne.

La défense faite par le Koran de prêter de l'argent à intérêt a produit comme conséquence que tous les banquiers sont des Indous, que leurs habitudes de persévérance et d'économie rendent très-propres à ce genre d'affaires. Ils prêtent de l'argent, font les opérations de change, escomptent les lettres de change, et gagnent quelquefois beaucoup d'argent à faire des avances au gouvernement sur les revenus à venir des provinces. Quelques-uns de ces banquiers sont très-riches.

Les marchands sont en général des Tâdjiks, des Persans ou des Afghans. Quoique le commerce ne soit pas méprisé dans le pays, on n'y voit pas de ces grandes fortunes qui sont assez fréquentes dans la Perse et surtout dans l'Inde. Les longues guerres ont ruiné le commerce. Les marchands sont des gens simples, sans prétentions, et plus éclairés que les autres, grâce aux voyages qu'ils ont occasion de faire pour leurs affaires. Ils vivent bien, mais sans faste.

Les autres habitants sont les boutiquiers et les artisans, partagés en trente-deux corporations, dont chacune à son Ketkhoda ou chef, chargé de toutes les affaires de sa corporation avec le gouvernement. Ils ne payent pas de taxes régulières, mais ils sont exposés à des exactions beaucoup plus dangereuses pour eux que des impôts réguliers. En temps de troubles surtout, ils deviennent victimes de l'avidité de tous les partis.

La plus grande oppression qui pèse sur les habitants des villes, c'est peut-être la rigueur de la police, d'autant plus qu'elle est affermée, et que les fermiers ne se font aucun scrupule d'inventer de nouveaux moyens d'extorquer l'argent de leurs administrés. Sous les autres rapports la police est bonne; il se commet peu de crimes, et on voit rarement des désordres dans les rues. Il se fait des rondes fréquentes pendant la nuit. Chaque quartier, comme dans la plupart des villes de l'Orient, a ses portes fermées à une certaine heure, ce qui rend les vols presque impossibles.

Voici comme les heures se partagent dans l'Afghanistan : Le jour commence au *Sehr*, un peu avant l'aurore : c'est l'heure des premières prières. Ensuite vient l'*Aftâb Birâmad*, ou lever du soleil ; puis le *Châsht*, ou temps du déjeuner, à peu près à onze heures. *Nimrouz*, ou midi, est la courte période qui sépare le châsht de l'*Aouali Peshîn*, ou moment auquel l'ombre commence à incliner vers l'ouest. Vient ensuite, vers quatre heures, l'instant où l'ombre d'un homme est aussi grande que lui ; on l'appelle *Akhîri Peshîn*, après lequel vient l'*Asr*, à peu près à cinq heures. *Shâm* est la quatrième heure des prières, peu après le coucher du soleil. *Khouftân* est l'heure de la cinquième et dernière prière, à la tombée de la nuit. Tels sont les termes par lesquels on distingue le temps, au lieu d'employer le nombre des heures du jour, qu'on n'indique jamais dans le langage ordinaire. Ils savent cependant partager le jour en vingt-quatre heures, que l'on compte depuis six heures du matin jusqu'à six heures du soir, en recommençant à la nuit.

Les gens du commun se lèvent au sehr, et vont à la mosquée. Après la prière, ils se rendent à leurs boutiques, qui sont toujours distinctes de leurs habitations. Dans l'ouest, ils mangent un peu après la prière. A onze heures, ils déjeunent avec du pain, des légumes et de la viande, quand ils peuvent s'en procurer. Pendant l'été, ils dorment une couple d'heures après déjeuner. Ceux qui ont des apprentis pour prendre soin de leurs boutiques vont déjeuner dans leurs familles.

Le principal repas s'appelle *Shâmi*, et se fait après les dernières prières. Le peuple se baigne ordinairement deux fois par semaine, mais toujours au moins le vendredi. Dans l'est, on se baigne le plus souvent en plein air; mais, dans les montagnes, on va aux bains chauds ou *Hammâm*. Ce sont les bains de l'Orient si souvent décrits. Le prix d'entrée ne s'élève pas à dix centimes; et, pour un bain complet en se faisant raser la tête, épiler le corps, teindre la barbe, masser, etc., il n'en coûte pas plus de cent dinars, ou trente-cinq centimes environ. Il y a des heures de la journée où les bains sont exclusivement réservés aux femmes.

La nourriture ordinaire de la population se compose de pain levé, de riz, de viande, surtout de mouton, de légumes, quelquefois de fromage, et toujours de lait caillé. Les vivres sont à très-bon marché, surtout les fruits. A Caboul, le raisin est cher quand on le vend plus d'un centime la livre; les pommes s'y vendent à une roupie (2 fr. 50) les deux cents livres; les prunes, les abricots, les pêches, et notamment les melons, qui sont exellents, se vendent également à très-bas prix. Le raisin se donne quelquefois presque pour rien; et les qualités inférieures, qu'on exporte avec tant de peine et de soin dans l'Inde, sont souvent abandonnées au bétail. Il en est de même des légumes : pour la plus petite pièce de monnaie de cuivre, on peut en emporter la charge d'un homme. A Caboul, la glace ou plutôt la neige est abondante pendant toute l'année; à Candahar elle est un peu plus chère, mais toujours à la portée des plus petites bourses. Un mets dont les habitants de Candahar paraissent très-friands pendant l'été, c'est le *faladeh*, espèce de gelée de farine bouillie, qui se mange avec de la glace et du jus de fruits; on y ajoute très-souvent de la crème. En hiver, la vie est plus chère, surtout à Caboul, où la saison force à prendre de chauds habits de laine ou des fourrures, et à entretenir des poêles dans les maisons; et telle est alors la rigueur du climat, que, dans la classe pauvre, beaucoup de gens émigrent, et vont attendre le printemps dans l'est.

Le peuple des villes, comme celui des tribus, a un grand nombre de jeux et d'occasions de plaisir. Le vendredi, toutes les boutiques sont fermées, et chacun dans ses plus beaux habits, au sortir du bain, se réunit à quelqu'une des parties qui sont toujours faites, ce jour-là, dans les montagnes ou les jardins du voisinage de la ville. On emporte des provisions, et, en payant une bagatelle à la porte d'un jardin, on obtient la permission d'y manger autant de fruits qu'on veut. En général, on part le matin; on déjeune au jardin, puis on va promener, manger des fruits, fumer, jouer au trictrac ou autres jeux, écouter les chansons ou la musique des artistes ambulants. Les gens de Caboul vont faire de ces parties jusque dans les vallées du Cohdâmen, à trente milles de la ville; alors ils restent plusieurs jours hors de chez eux. Quoique très-religieux et assez rigides dans leur conduite privée, ils aiment beaucoup tous les plaisirs, les chants, les danses, les combats de coq et de cailles, etc.

Dans les villes de l'Afghanistan, chacun porte le costume et conserve les habitudes du pays où il est né; aussi les rues présentent-elles un curieux spectacle. Cependant, malgré les diversités de costumes, de langage et de religion que renferme une pareille société, tout le monde paraît y vivre en bonne intelligence. Le seul fait qu'on puisse citer comme exception, c'est l'inimitié qui existe entre les Shiites et les Sunnites; encore cette inimitié est elle assez peu vive pour qu'on voie souvent des alliances entre des familles appartenant aux deux religions. Aussi, à tout prendre, la condition des habitants des villes de l'Afghanistan peut-elle passer pour heureuse.

### § 4. De quelques races étrangères, et de la population conquise.

Aucune partie de l'Afghanistan n'est habitée exclusivement par la race afghane : elle est toujours mélangée de quelques races étrangères, et surtout des débris d'une population conquise qu'on appelle Tâdjiks dans l'ouest et Hindkis dans l'est.

La race des Tâdjiks mériterait d'attirer les investigations des savants. Elle n'est pas réunie en corps spécial comme la plupart des autres nations, ni confinée dans un seul pays; mais elle est répandue, par fragments isolés, sur une grande partie de l'Asie. Elle est mêlée aux Tartares Usbeks dans les pays où ceux-ci dominent. Les habitants fixés s'appellent Tâdjiks en Perse, et sont tout à fait distincts de leurs conquérants tartares comme aussi des tribus nomades, qui semblent d'origine persane. On trouve des Tâdjiks dans le Turkestan chinois ; ils vivent indépendants dans les montagnes de Karateguin, Badakshân, etc. Excepté dans les pays défendus par la force de leur position naturelle, les Tâdjiks ne sont jamais constitués en sociétés indépendantes, mais sont mêlés à une nation conquérante, dont ils ont, jusqu'à un certain point, adopté le costume et les mœurs.

Le nom de Tâdjiks reçoit des applications très-larges et très-diverses. Quelquefois il désigne, quelle que soit son origine, toute la population mêlée aux Afghans; cependant il s'applique avec plus d'exactitude aux habitants des pays où l'on parle le turc et le pushtou, mais dont la langue primitive est le persan. Dans l'Afghanistan et le Turkestan, on se sert indifféremment des appellations de Tâdjik et de Parsiwân ou Persan.

On donne diverses étymologies du mot Tâdjik; la meilleure semble être celle qui le dérive de Tâsik Tâdjik, nom donné aux Arabes dans les livres Pehlvis. Cette étymologie s'accorde avec l'interprétation donnée dans la plupart des dictionnaires persans, qui traduisent Tâdjik par descendant des Arabes né en Perse ou dans les pays voisins. Elle est aussi d'accord avec l'hypothèse historique la plus raisonnable qu'on puisse établir sur l'origine de cette singulière population. En effet, dans le premier siècle de l'hégyre, toute la Perse et le pays des Usbeks furent conquis par les Arabes, qui convertirent leurs habitants à l'islamisme. Dans l'Afghanistan, la victoire des Arabes ne fut pas si facile. Ils conquirent les plaines ; mais pendant trois siècles le mahométisme s'arrêta au pied des montagnes sans pouvoir y pénétrer. Plus tard, les Afghans convertis au mahométisme descendirent de leurs montagnes, s'emparèrent des plaines à leur tour, et en soumirent les habitants, descendants des conquérants arabes et de la population persane vaincue par eux.

Les Tâdjiks sont en tout pays remarquables par leur goût pour l'agriculture et les habitations fixes. Ils conservent encore dans l'ouest de l'Afghanistan une certaine partie des terres dont ils furent jadis les seuls propriétaires, mais cependant l'immense majorité vit comme vassaux sur les terres de maîtres afghans.

Les Tâdjiks, qui habitent les terres des tribus afghanes, vivent comme Hamsayéhs dans ces tribus, ou bien dans des villages séparés. Nous avons dit ce que sont les Hamsayéhs. Dans les villages, l'autorité est exercée par un Ketkoda élu par le peuple, et confirmée par le khan ou par le roi. Le principal office du Ketkoda consiste à lever les impôts et à convoquer la milice. Il juge aussi les débats de peu d'importance; mais les grandes affaires sont toujours soumises au gouverneur de la province, ou au câdi le plus prochain. Les Tâdjiks sont, en général, d'humeur pacifique et docile. Occupés, pour la plupart, des travaux de l'agriculture, ils exercent aussi les métiers, que les Afghans dédaignent. Généralement ils ont peu de goût pour le service militaire, quoiqu'un certain nombre d'entre eux se soient distingués par leur courage dans les dernières révolutions. Ils vivent en paix avec les Afghans, qui les regardent comme leurs inférieurs, il est vrai, mais ne les traitent jamais avec arrogance ou mépris, et même s'allient avec eux par des mariages.

Les Tâdjiks payént une proportion d'impôts plus considérable que les Afghans; ils sont surtout nombreux aux environs des villes, et rares au milieu des tribus montagnardes.

Outre les Tâdjiks mêlés aux Afghans, il en est encore qui forment des sociétés presque indépendantes; ceux-là sont retirés dans les parties les plus difficiles du pays. Les plus remarquables d'entre eux sont ceux qu'on appelle Cohistânis (montagnards), du nom du pays qu'ils habitent au nord de Caboul, le Cohistân. Cette région est composée des trois longues vallées de Nidjrô, Pendehîs et Ghorabend. Les parties cultivées produisent du froment, et, ce qui est assez extraordinaire pour une terre aussi élevée, du tabac et même du coton. La population de ce district est considérable, et estimée à quarante mille familles au moins. La force naturelle du pays donne à ses habitants un caractère assez différent de celui des autres Tâdjiks; ceux-ci sont presque indépendants, obéissent même à peine à leurs chefs. C'est une race courageuse, violente, indocile, et si belliqueuse qu'ils regardent comme un malheur pour un homme de mourir dans son lit. C'est une excellente infanterie dans les montagnes; mais ils gaspillent leur courage dans des discordes intestines, non pas entre villages, mais, surtout, entre les familles et les individus. Comme tous les Tâdjiks, ils sont Sunnites, mais beaucoup plus intolérants que les autres.

Le chiffre total de la population Tâdjik dans l'Afghanistan s'élève, dit-on, à un million cinq cent mille individus.

Les Hindkis, moins nombreux aujourd'hui que les Tâdjiks, sont tous d'origine indoue, comme l'indique leur nom. Ils sont plus maltraités que les Tâdjiks; et, il faut en convenir, ils n'ont pas leurs qualités morales. Ils parlent une sorte d'indoustani, comme dans le Pendjab.

Les Indous devraient peut-être être confondus avec les Hindkis. On en trouve partout dans le royaume de Caboul. Dans les villes où ils sont très-nombreux, ils sont banquiers, orfèvres, négociants, etc. A peine s'il est un village où il n'y ait une ou deux familles indoues occupées du commerce et de l'industrie. Presque tous ces Indous appartiennent à la caste guerrière des Kshâtryas, mais il ne faut pas croire pour cela qu'ils soient soldats : au contraire, on ferait rire les gens du Caboul en leur parlant d'un soldat indou. Ils conservent les mœurs de leur patrie, et quelques-uns même en conservent le costume; mais le plus grand nombre laisse croître sa barbe, et s'habille à peu près à la façon du pays. Là une partie de leurs préjugés s'effacent : ainsi, ils ne font pas difficulté de manger du pain cuit dans un four commun, et encore moins se conforment-ils au précepte qui leur enjoint de se purifier par le bain, lorsqu'ils ont été mis en état d'impureté par le contact d'un musulman. En général, ils vivent bien avec les disciples de Mahomet, quoique leur timidité et leur parcimonie les exposent au ridicule. Souvent ils sont employés à la cour comme trésoriers, comptables, etc.

Après les Indous viennent les Kizzil-bâshis, descendants des tribus turques qui dominent aujourd'hui en Perse, et amenés dans l'Afghanistan par Nâdir et Ahmed Shah. Les Kizzil-bâshis habitent presque exclusivement les villes. A Caboul seulement on en compte à peu près dix ou douze mille : ils parlent persan avec la population, et turc entre eux. Ils sont tous Shiites zélés, quoiqu'ils soient obligés de faire des concessions à la population sunnite au milieu de laquelle ils vivent. Comme les Persans, ils sont vifs, ingénieux et même élégants; mais aussi faux, dissimulés, cruels, rapaces, prodigues, voluptueux; à la fois insolents et serviles; sans modération dans la prospérité et sans courage dans le malheur; pleins de préjugés, et affichant le plus grand libéralisme d'esprit; charmants comme simples connaissances, mais dangereux comme amis.

Les Kizzil-bâshis, transportés dans l'Afghanistan par Nâdir et Ahmed Shah pour y être les soutiens de l'autorité et du gouvernement, sont en général soldats attachés à la personne des princes et des khans. On en trouve cependant encore un assez grand nombre qui font le commerce, exercent des métiers, ou même sont domestiques dans de grandes maisons. La grande majorité des secrétaires, comptables et autres agents inférieurs du gouvernement, sont des Kizzil-bâshis; et tout personnage de distinction a un mizza ou secrétaire, un nazir ou chef de ses domestiques, et peut-être un Devân ou intendant de race kizzil-bâshie. Quelques-uns des grands emplois domestiques de la cour leur appartiennent encore, et même de grands emplois militaires. Ces derniers ont des terres et même des châteaux qu'ils tiennent de la couronne; mais ils n'y résident presque jamais, et les afferment à des Afghans ou à des Tâdjiks.

Outre ces trois races, qui sont les principales de celles qui vivent au milieu des Afghans, on trouve encore dans le pays d'autres populations d'origine étrangère. En Asie, où l'espèce humaine semble douée d'une faculté d'émigration indéfinie, cela n'a rien d'étonnant, surtout quand on songe que souvent la politique des princes asiatiques déplace les populations, soit pour fonder une colonie industrieuse dans un pays dont les habitants ne savent pas exploiter les ressources, soit pour créer près d'eux une force armée toujours prête à les défendre,

soit encore (et c'est le plus souvent le véritable motif) pour affaiblir une tribu trop puissante.

C'est ainsi que les Kizzil-bâshis sont venus dans l'Afghanistan; les plus nombreux après eux, ce sont les Arabes, qui ont, sans doute, émigré du Khorassan persan. On trouve encore, dans ce pays, un assez grand nombre de tribus arabes, qui y sont probablement établies depuis la première période de la conquête par les mahométans. Il peut y en avoir dans l'Afghanistan deux mille familles. Ils ont perdu leur langue primitive; mais, toutefois, ils forment une société compacte, s'occupent des travaux de l'agriculture, et habitent les environs de Caboul et de Djellalabad.

On trouve encore, dans l'Afghanistan, beaucoup de Mongols et de Chagataïes, et quelques centaines de familles lesghies amenées du Caucase par Nadir Shah, deux tribus curdes, des Arméniens, gens qu'on rencontre dans toutes les parties de l'Asie, partout où il y a de l'argent à gagner; des Abyssiniens, achetés comme esclaves; et des Calmouks, enrôlés presque tous dans la garde du roi. Ils ont été amenés de Balk par Nadir Shah; et c'est à peine si les Afghans ont encore pu se familiariser avec leurs larges faces, leurs yeux longs et étroits, et l'extrême noirceur de leur peau.

Enfin on rencontre encore dans l'Afghanistan quelques Turcs européens, des Juifs, des gens du Badakshân, de Kashgar, des Usbeks, une foule innombrable de voyageurs attirés par le commerce, etc., etc.

### § 5. Mœurs, coutumes, littérature et caractère des Afghans.

La manière de vivre des Afghans est loin d'être uniforme; et, après avoir dit, en parlant des tribus, ce qui les distingue surtout les unes des autres, nous allons dire maintenant ce qui est commun aux Afghans.

Les Afghans sont bien faits, et généralement de taille assez élégante, quoique le système osseux soit très-développé chez eux. Ils ont de grands nez, les pommettes saillantes, et la tête longue; les cheveux ordinairement noirs, quelquefois bruns et très-rarement blonds. Leurs barbes sont longues et touffues. Leur contenance a un air de vigueur et de résolution unies à la simplicité. Les Afghans de l'ouest sont plus grands et plus forts que ceux de l'est. Chez les *Dourânis* et les *Ghildjis*, on trouve des hommes d'une grandeur et d'une force merveilleuses.

Les manières des Afghans sont franches et ouvertes. Les relations avec eux ont cela d'agréable qu'on peut, presque toujours, croire à leur véracité; c'est quelque chose d'extraordinaire pour des Asiatiques. Tous sont remarquablement hardis et actifs. Exposés, dans leur pays, à des alternatives de grandes chaleurs et de froids rigoureux; accoutumés à courir dans les montagnes, à faire de longs voyages à pied ou à cheval, à passer les torrents à la nage, on dirait qu'ils sont infatigables; et le fait est général, car riches ou pauvres, ils sont tous soumis à ces nécessités.

L'amour du gain semble être leur passion dominante. Beaucoup de chefs Dourânis préfèrent accumuler des trésors inutiles, plutôt que de chercher à acquérir la puissance, la popularité, l'estime qu'ils pourraient acheter avec une modique libéralité. Au dire des gens qui les connaissent le mieux, l'argent a chez eux un pouvoir sans bornes : cela est d'ailleurs universel dans les pays asiatiques, et les Afghans en conviennent.

Qu'ils vivent sous des tentes ou dans des maisons, les Afghans n'ont en général d'autres meubles que des tapis qui leur servent de chaises, de tables et de lits. Ils s'asseyent, comme les Turcs, sur leurs talons. Quand ils sont ainsi, leur plus grand plaisir est de causer, en fumant le *Caliân* ou pipe à eau des Persans. Toutefois, les Afghans ne fument pas autant que leurs voisins; il n'est pas rare d'en voir qui ne fument jamais; et il y a des villages qui ne possèdent qu'une seule pipe, qui reste à la maison commune pour l'usage du public. Par compensation, ils prennent du tabac à priser. Ils conservent leur tabac, non pas dans des boîtes plates comme les nôtres, mais dans des boîtes ovales ou rondes, faites avec l'écorce d'un fruit nommé *bail* dans l'Inde. Ces boîtes n'ont pas de couvercle, mais à l'extrémité un petit trou par lequel on introduit et on retire le tabac. Quelquefois elles sont sculptées avec beaucoup de soin.

Lorsqu'un visiteur arrive, il salue du *Salam-Aléïkom* (que la paix soit avec vous!) les gens qu'il vient voir; et ceux-ci lui répondent : *ó alaïk assalam* (et que la paix soit avec toi!). Le maître de la maison se lève, prend la main de l'étranger dans les siennes, lui souhaite la bienvenue, puis il l'invite à s'asseoir, et lui demande des nouvelles de sa santé; alors, seulement, la conversation commence. Tous les Afghans, même les plus pauvres, accomplissent religieusement ce cérémonial.

Ils sont très-sociables: outre les festins donnés lors des mariages et d'autres grandes fêtes, ils invitent toujours des amis à dîner toutes les fois qu'ils tuent un mouton. Lorsque les convives sont réunis, le maître de la maison ou quelqu'un de sa famille apporte de l'eau pour laver les mains, et ensuite, fait servir. Ils disent une prière avant et après le repas; et quand il est fini, ils ne manquent jamais à remercier très-cordialement l'amphitryon. Après dîner, on reste assis en cercle pour fumer, entendre de longs récits ou chanter des chansons. Ce sont ordinairement les vieillards qui racontent de longues histoires de rois, de vizirs, de fées et de génies, mais surtout de guerre et d'amour. Quelquefois ces récits sont mêlés de chants et de vers, et ils finissent toujours par une sentence morale. Leurs chants sont presque toujours des chants d'amour; mais ils ont aussi des ballades qui célèbrent les guerres des tribus et les exploits individuels de leurs chefs. On accompagne ces chants avec la flûte, le Rhebâb (sorte de luth ou de guitare), le Comâncheh et le Sarindeh (deux espèces de violon), ou le Sournâm, instrument à vent qui ressemble à notre hautbois.

Mais le plaisir favori de tous les Afghans, c'est la chasse qu'ils font, de diverses manières, suivant le pays, le terrain, le gibier. Ils connaissent toutes nos chasses à l'affût et au courre ; ils battent le gibier, le traquent à pied ou à cheval ; ils prennent les perdrix à force de les fatiguer, etc.

Outre ces plaisirs, qu'ils aiment avec passion, les Afghans, et surtout les pasteurs de l'ouest, en connaissent encore bien d'autres qui suffisent à occuper presque tout leur temps. Les courses de chevaux sont assez communes, principalement aux fêtes de mariages. Le marié donne un chameau pour prix de la course ; et vingt ou trente chevaux s'élancent, sur un espace de trois ou quatre lieues, comme dans nos courses au clocher. Ils s'exercent encore au tir à pied et à cheval avec des fusils et des arcs. Dans ces jeux, ils se partagent souvent en deux bandes, dix ou vingt tireurs de chaque côté. Quelquefois ce sont des défis de village à village. L'enjeu ordinaire est un dîner que les vaincus donnent aux vainqueurs ; rarement on parie de l'argent, et ce n'est jamais de grosses sommes. Leurs jeux, dans l'intérieur des maisons, sont aussi très-nombreux, quoiqu'ils ne connaissent pas les cartes et cultivent peu les échecs. Le grand plaisir de tous les Afghans de l'ouest, c'est leur danse nationale ou *Attam*. Dix ou vingt personnes, hommes et femmes, se forment en cercle (devant les maisons ou les tentes en été, autour du feu en hiver) ; l'une d'elles se place au centre, et donne la mesure en chantant et jouant d'un instrument. Les danseurs exécutent alors une foule de figures, qui se terminent toujours par une ronde que tout le monde danse en chantant.

Beaucoup de leurs jeux semblent puérils, et font un contraste singulier avec leurs longues barbes et leur gravité. Ainsi, des hommes d'un âge mûr jouent aux billes, à cloche-pied. Le joueur tient son pied gauche dans sa main droite, et essaye de renverser son adversaire, qui se tient dans la même attitude. On joue le jeu à quinze ou vingt personnes à la fois, et l'on voit des vieillards y prendre part. Les Afghans jouent encore aux barres, au petit palet, et à un jeu où un bonnet qui passe dans toutes les mains et qu'il faut arrêter, rappelle le jeu européen de la savate. Les combats de cailles, de coqs, de chiens, de béliers, et même de chameaux, ont aussi de très-fervents admirateurs.

L'un des traits les plus remarquables du caractère des Afghans, c'est leur humeur hospitalière. Cette vertu est si générale chez eux, qu'ils prétendent que ceux qui y manquent ne sont pas des Afghans. Tout le monde, sans distinction de race ni de religion, est appelé à jouir du bénéfice de cette vertu ; et un voyageur qui traverserait tout le pays sans argent ne serait jamais embarrassé pour trouver à manger, si ce n'est peut-être dans les villes. Le plus grand affront qu'on puisse faire à un Afghan, c'est de lui enlever son hôte ; et alors sa colère ne se tourne pas contre l'étranger qui l'a quitté, mais contre celui qui l'a enlevé à son hospitalité.

Une singulière coutume, fondée sur leurs sentiments hospitaliers, est celle qui s'appelle *Nannawâti*. Une personne qui a une faveur à demander se rend à la tente de celui qui peut la lui accorder, et refuse de s'asseoir sur le tapis et de rien manger avant que sa prière n'ait été exaucée. L'honneur de la personne sollicitée serait vivement compromis si elle ne satisfaisait pas le solliciteur ; et ce mode de supplication est tellement puissant, que souvent un homme, ne sachant pas comment résister à ses ennemis, se rend dans une tente dont le propriétaire ne le connaîtra peut-être pas, et sera cependant forcé par le Nannawâti de prendre part à sa querelle et de l'aider contre ses ennemis.

Il est encore une manière plus puissante peut-être de faire appel à la générosité d'autrui. Une femme envoie son voile à un Afghan, en lui demandant protection pour elle et pour sa famille. Il est impossible de repousser une prière faite de cette manière, et c'est en l'employant que la femme de Timour Shah força Sarafraz Khan à assurer l'élévation du shah Zéman sur le trône.

Tout individu, quel qu'il soit, qui est entré dans la maison d'un Afghan, est sûr d'y trouver protection. On est en sûreté dans la maison de son plus cruel ennemi tant qu'on est sous son toit : à plus forte raison est-on engagé à défendre un fugitif qui vient demander asile, quel que soit d'ailleurs le crime dont il puisse être coupable.

Cependant, par une singularité bizarre, les droits que donne l'hospitalité ne s'étendent pas au delà du village ou, tout au plus, des terres de la tribu ; il y a nombre d'exemples d'Afghans recevant un voyageur de la façon la plus généreuse, le renvoyant chargé de présents, et le dévalisant ensuite lorsque, par malheur pour lui, ils le rencontraient hors du territoire de leur tribu.

L'impunité et la fréquence des vols commis par les Afghans sur les étrangers semble être une conséquence de l'imperfection du Pousthounouali. En effet, cette loi confie exclusivement le redressement des injures à la partie offensée, à ses parents, à ses amis, à sa tribu ; et, par conséquent, elle laisse l'étranger sans protection. En preuve de ce fait, on peut remarquer que le plus souvent les Afghans ne pillent pas les terres de leurs voisins, et que ce sont les voyageurs presque seuls qui ont à se plaindre de leurs rapines.

Les tribus pastorales sont plus adonnées à la rapine que la population agricole. Dans l'ouest, ce sont les Atchakzis, les Nourzis, et cette partie des Ghildjis fixée dans le voisinage des monts Paropamisus, qui sont les plus mal famés. Dans l'est, toutes les tribus des monts Soliman, surtout les Khyberis et les Viziris, sont d'incorrigibles voleurs ; et leur gouvernement, lui-même, entretient chez eux ces déplorables habitudes. Tous les autres Afghans de l'est sont disposés au pillage, et l'exercent quand ils le peuvent.

On peut cependant, dans toutes les tribus, excepté chez les Khyberis, obtenir le passage libre sur leur territoire, en composant avec les chefs, qui, pour une faible somme, fournissent au voyageur une escorte, sous la garde de laquelle il peut voyager en parfaite sécurité. Un seul homme est une garde suffisante dans la plupart des tribus ; et ce qui est assez remarquable, c'est que généralement il en est ainsi dans les tribus réputées les plus sauvages.

En tout cas, il faut dire à l'honneur des Afghans que leurs rapines ne sont que très-rarement suivies de meurtre ; ils peuvent tuer celui qui défend sa propriété les armes à la main, mais jamais celui qui ne se défend pas.

Les Afghans achètent leurs femmes. C'est une coutume autorisée par la loi mahométane, et à peu près générale en Asie. Le prix dépend des richesses du mari. Le résultat de cette coutume, c'est que les femmes, quoique généralement bien traitées, sont regardées comme une propriété. Un mari peut divorcer avec sa femme, sans être obligé de produire aucun motif ; mais la femme ne peut réclamer le bénéfice du divorce sans exposer ses raisons, et intenter une action judiciaire à son mari devant le câdi. Il est d'ailleurs très-rare de voir des femmes en venir à cette extrémité. Si le mari meurt avant sa femme, ses parents reçoivent le prix payé pour elle, dans le cas où elle se remarie ; mais chez les Afghans comme chez les Juifs c'est le frère du mari qui doit épouser sa veuve, et c'est un affront mortel pour lui, si un autre homme épouse sa belle-sœur sans son consentement. Cependant la veuve ne peut être contrainte à épouser personne contre son gré ; et, dans le cas où elle a des enfants, il est regardé comme beaucoup plus convenable pour elle de rester veuve.

L'âge auquel la plupart des Afghans se marient est vingt ans pour les hommes, et quinze ou seize pour les femmes. Ceux qui ne sont pas assez riches pour acheter une femme restent quelquefois sans se marier jusqu'à quarante ans; et l'on trouve aussi des femmes qui persistent dans le célibat jusqu'à vingt-cinq. Par contre, les enfants des gens riches se marient quelquefois avant l'âge de la puberté. Les habitants des villes se marient aussi de bonne heure; et les Afghans de l'est marient souvent des garçons de quinze ans à des filles de douze, lorsqu'ils sont en état de faire les frais du mariage. Dans l'ouest, les hommes se marient rarement avant d'avoir de la barbe; les Ghildjis surtout se marient tard. Comme règle générale, on peut dire que l'âge légal du mariage pour l'homme, c'est l'époque où il est assez riche pour acheter une femme et entretenir son ménage. Le plus souvent on se marie dans sa tribu; mais il n'est pas rare non plus de voir des Afghans prendre des femmes tâdjiks ou persanes. Ces mariages n'ont rien de contraire à l'opinion; mais, d'un autre côté, il est regardé comme peu honorable de donner sa fille à un homme d'une autre race : c'est ce que ne font jamais les Dourânis.

Dans les villes, les hommes n'ont aucune occasion de voir les femmes, et les mariages se contractent par des considérations de convenance réciproques pour les deux parties. Lorsqu'un homme a envie d'épouser une fille, il envoie une de ses parentes ou de ses voisines pour la voir, et lui dire si elle est belle ou laide : s'il est satisfait de ce qu'on lui rapporte, il renvoie la même personne pour sonder la mère de la jeune fille, et savoir si ses parents sont disposés à la marier. Si le résultat est favorable, la messagère fait alors une proposition en règle, et indique le jour où les parents du jeune homme viendront faire une demande publique. Au jour fixé, le père du jeune homme arrive, en compagnie de ses parents, faire une visite au père de la jeune fille, tandis que, d'un autre côté, une députation de femmes, composée de la même manière, va faire visite à la mère de la jeune fille, et la demander officiellement. Ensuite le jeune homme envoie à sa maîtresse un anneau, un châle ou quelque autre présent; et

il fait demander à son père, par le sien, qu'il veuille bien l'accepter pour son serviteur. La fille répond par la formule consacrée : « *Mobârik bâshad*, » Que cela puisse être heureux! Puis on fait venir des confitures, des gâteaux, dont tout le monde doit manger, après avoir récité le Fâtiha, et appelé les bénédictions du ciel sur les deux époux. Le père de la jeune fille fait, à son tour, quelques petits présents à son futur gendre, et, dès ce moment, les deux partis sont considérés comme fiancés. Cependant on laisse encore écouler, avant le mariage, un délai considérable, que les parents de la fiancée emploient à préparer sa dot, composée le plus souvent d'objets nécessaires à son ménage, tapis, argenterie, vaisselle de cuivre et de fer, objets de toilette, etc. De son côté, le fiancé réunit la somme fixée pour le prix de sa femme, et qui est toujours beaucoup plus considérable que sa dot; il fait préparer sa maison, et tout ce qui est nécessaire à sa future famille. S'il est pauvre, ces préparatifs lui demandent quelquefois une année ou deux; s'il est riche, ils ne durent pas plus de deux ou trois mois. Les cérémonies du mariage sont presque complétement semblables à celles de la Perse.

Le contrat de mariage est dressé par le câdi, et solennellement accepté par l'homme et la femme, par eux seuls; car la loi n'exige pas le consentement de leurs parents. Les articles stipulent le douaire qui reviendra à la femme, en cas de divorce ou de mort de son mari; ils sont signés par les deux parties, par le câdi et les témoins nécessaires. Ensuite les fiancés se teignent les pieds et les mains avec la même décoction de henné. Le soir, l'épouse se rend en procession à la demeure de son mari, suivie d'une bande de musiciens et de chanteurs, accompagnée des parents des deux familles, de leurs voisins, courant autour d'elle à cheval, tirant des coups de fusil et de pistolets, brandissant leurs épées. Quand elle arrive à sa future demeure, on la présente à son mari; et le tout se termine par un souper de noces que celui-ci offre aux conviés.

Le cérémonial est le même dans les campagnes; mais comme là les femmes ne sont pas voilées, et qu'il y a moins de sévérité dans les rapports entre les sexes, le mariage vient ordinairement à la suite d'un attachement réciproque. Là aussi, un amoureux entreprenant peut obtenir sa maîtresse, sans le consentement de ses parents, et même malgré eux. Il lui faut, pour cela, trouver l'occasion de lui enlever une boucle de cheveux ou son voile, exploits qui lui permettent de la considérer comme sa fiancée. Comme on est persuadé que tout cela ne s'est fait que du consentement de la jeune fille, personne ne vient plus la demander en mariage, et les parents sont à peu près forcés de la donner à son amant. Mais comme aussi cela n'exempte pas de la nécessité de l'acheter, et comme encore les parents y voient un affront pour eux, il est rare qu'on ait recours à ces moyens héroïques. Lorsqu'on ne peut obtenir le consentement des parents, c'est ordinairement à enlever sa maîtresse qu'il faut se résoudre. Dans les mœurs du pays, un enlèvement est considéré par la famille comme une offense mortelle, aussi grave que le meurtre d'un de ses membres; on le poursuit avec la même ardeur; mais cependant l'heureux amant n'en devient pas moins possesseur de sa maîtresse. Les fugitifs vont demander asile sur les terres de quelque autre tribu, et sont sûrs d'y trouver la protection que les mœurs du pays accordent à tous les hôtes, et surtout aux suppliants.

Chez les Yousoufzis, personne ne peut voir sa femme avant le mariage; et, chez tous les Berdourânis, il y a toujours un délai considérable, réservé entre les fiançailles et le mariage définitif. Quelques-uns vivent pendant ce temps avec leur futur beau-père, et gagnent leur fiancée par leurs services, comme autrefois Jacob gagna Rachel, mais sans qu'il leur soit jamais permis de la voir.

Dans le reste de l'Afghanistan, chez les Eïmaks, les Hazârehs, les habitants du Khorassan, chez les Tâdjiks et les Indous établis dans le pays, il n'en est pas ainsi, et la coutume permet de secrets rapports entre les amoureux; c'est ce qu'on appelle le *Nâmzad Bâzi*, ou les jeux des fiancés. Dès que la cérémonie des fiançailles est accomplie, le fiancé se rend chaque nuit, et avec mystère, au domicile de sa maîtresse. La mère ou quelque autre de ses parentes favorise ses entreprises; mais on suppose toujours que les hommes n'en savent rien, car ils seraient forcés de les considérer comme des injures. Il est reçu avec de grandes précautions par la mère, qui l'introduit dans l'appartement de sa maîtresse, où les amants restent seuls jusqu'aux approches du matin. Ils sont abandonnés à eux-mêmes; les baisers et toutes les libertés innocentes vont leur train; mais il est très-sévèrement défendu d'aller au delà, et la mère prend toutes les précautions qu'elle peut imaginer pour empêcher les amants de succomber. Cependant la nature est ordinairement plus forte que toutes les injonctions de la sagesse maternelle; et le mariage se célèbre, bien souvent, au milieu des embarras que causent les suites d'un amour illicite. On a vu des fiancées apporter à leurs maris deux ou trois enfants le jour de la célébration du mariage; mais c'est là un scandale qui arrive rarement. Cette coutume est, comme on pense, très-chère aux hommes de tous les rangs; et l'on a vu quelquefois le roi exposer sa personne dans les aventures nocturnes du Nâmzad Bâzî.

La polygamie est, comme on sait, autorisée par la loi mahométane; mais c'est une permission dont la plus grande partie de la population ne peut pas profiter. Les riches, il est vrai, dépassent même le nombre de quatre épouses légales, et possèdent des troupeaux de femmes esclaves. Mais les pauvres se contentent d'une femme, et deux femmes avec autant de concubines sont déjà considérées comme une grande maison.

La condition des femmes varie avec

leur rang. Celles des hautes classes sont complétement séquestrées, mais elles jouissent de tout le luxe et le bien-être de leur situation. Celles des pauvres ont le soin du ménage, vont chercher de l'eau, etc. Dans quelques tribus, elles ont leur part des travaux de la campagne; mais nulle part on ne les emploie comme dans l'Inde, où la moitié des manœuvres employés aux constructions sont des femmes, où il n'y a presque pas de différence entre les travaux qu'on exige des deux sexes. La loi mahométane permet au mari de battre sa femme, mais il est regardé comme peu honorable pour un homme d'user de cet odieux privilége.

Les femmes des hautes classes apprennent souvent à lire, et quelques unes d'entre elles possèdent même, dit-on, une instruction littéraire assez avancée. Cependant on regarde comme immodeste, pour une femme, de savoir écrire; car elle peut se servir de son talent pour correspondre avec un amant. Il n'est pas plus rare qu'en Europe de voir des femmes occuper une grande situation dans une famille; et toutes les prérogatives accordées aux maris par la loi mahométane ne font pas toujours qu'ils soient les véritables chefs de leurs ménages. Les femmes des classes inférieures partagent tous les plaisirs que prennent leurs maris dans l'intérieur de leurs maisons. Celles des villes sont toujours enveloppées dans un grand voile qui tombe jusqu'aux pieds, et leur cache complétement la figure. Elles voient à travers un trou brodé, pratiqué dans l'espèce de masque en étoffe blanche qui enveloppe leur tête. Les femmes riches portent aussi la même coiffure quand elles sortent; et comme alors elles sont le plus souvent à cheval, elles portent une paire d'immenses bottes en étoffe de coton, qui empêchent de deviner la forme de la jambe. Elles voyagent dans des *cadjaouas* (espèce de bâts ou de paniers, dont un chameau porte une paire) presque assez grands et assez longs pour qu'une femme puisse s'y

coucher dans toute sa longueur : en été, elles doivent suffoquer dans ces paniers, qui sont recouverts d'étoffe. Dans les villes, elles se promènent voilées, et sont toujours en grand nombre dans les foules qui se réunissent autour des marchands, des charlatans, etc. Elles font aussi des parties de plaisir dans les jardins du voisinage; et, quoiqu'elles soient plus soigneusement voilées que les femmes de l'Inde, elles ne sont pas plus séquestrées qu'elles. En somme, leur condition est loin d'être malheureuse, comparée surtout à celle des femmes des pays voisins.

Dans la campagne les femmes ne sont pas même voilées, et ne sont séparées des hommes de leur camp ou de leur village que par l'opinion, qui trouve malséant pour elles de se laisser voir dans la compagnie des hommes. Elles se voilent la figure dès qu'elles aperçoivent un homme qui n'est pas de leur village, ou qu'elles ne connaissent pas. Il est rare de les voir dans l'appartement public de leurs maisons lorsqu'il s'y trouve un étranger. Cependant elles ne font pas tant de cérémonie avec les Arméniens, les Persans ou les Indous, qu'elles comptent pour rien. Elles reçoivent les hôtes en l'absence de leurs maris, et les traitent avec tous les égards qu'exigent les lois de l'hospitalité. La charité des femmes de la campagne, et surtout de celles des tribus pastorales, est universellement vantée par tous ceux qui sont au fait de leurs manières. Il n'y a de prostituées que dans les villes, et encore y sont-elles très-peu nombreuses, surtout dans l'ouest. Il est regardé comme très-peu honorable de les fréquenter; mais cependant leur connaissance du monde, l'élégance de leurs manières, les talents qu'elles déploient pour captiver l'admiration des hommes, présentent à ceux-ci tant d'attrait et de variété, que, malgré toute la latitude accordée par la religion, rien ne saurait empêcher les gens riches de rechercher leur société.

Dans toute l'Asie, il n'y a peut-être que les Afghans où l'on retrouve quelque chose qui ressemble à ce que nous autres Européens nous appelons l'amour. Ce sentiment est très-cultivé dans l'Afghanistan. Sans compter les nombreux enlèvements dont l'amour seul fait braver les périls très-redoutables, il n'est pas rare de voir un homme engager sa foi à une jeune fille, puis aller chercher fortune dans une ville éloignée, dans l'Inde même, pour gagner l'argent nécessaire à leur mariage. « J'ai vu à Pouna, dans l'Inde, dit Montstuart Elphinstone, un jeune homme qui était tombé amoureux de la fille d'un Mallek, laquelle le payait de retour. Le père consentait au mariage, mais cependant il prétendait que l'honneur de sa fille exigeait qu'elle épousât un homme aussi riche que les autres femmes de la famille. Les deux amoureux étaient fort affligés de cette prétention; car le jeune homme ne possédait rien autre chose qu'un coin de terre et quelques bœufs. Il se résolut donc à aller tenter la fortune dans l'Inde. Sa maîtresse lui avait donné une des aiguilles dont elle se servait pour se teindre les paupières avec de l'antimoine, comme gage de sa foi, et il ne paraissait pas douter qu'elle ne restât fille jusqu'à son retour. » On ne trouve des amours de ce genre que parmi les gens de la campagne, où les femmes sont à la fois et assez séparées des hommes pour exciter leur esprit d'entreprise, et assez accessibles, cependant, pour qu'on puisse les admirer.

La plupart des chansons et des contes qu'aiment tous les Afghans sont consacrés à des histoires amoureuses, et quelques-uns sont, dit-on, pleins d'une véritable passion. Un poëme chéri des Afghans, qui raconte l'histoire d'Aoudam et de Dourkhâni, est connu de presque tout le monde : on le lit, on le répète, on le chante dans tous les coins du pays. Aoudam était le plus beau et le plus brave des jeunes gens de sa tribu, et Dourkhâni la plus belle et la plus aimable des vierges; mais malheureusement une querelle qui séparait leurs familles les avait empêchés de se voir. Enfin une rencontre, causée par le hasard lui seul, détermine une passion mutuelle. Cependant la querelle qui séparait leurs familles tient les amoureux éloignés l'un de l'autre, et dans l'ignorance réciproque de leurs sentiments jusqu'au moment où les parents de Dourkhâni la contraignent à épouser un chef du voisinage. On imagine le désespoir de son amant, ses plaintes; les lettres qu'il échange avec Dourkhâni remplissent une bonne partie du poëme, et ce n'est qu'après avoir triomphé d'innombrables obstacles qu'Aoudam réussit à obtenir une entrevue de sa maîtresse. Plusieurs rendez-vous se succèdent; mais Dourkhâni conserve toujours son honneur, et résiste aux prières de son amant, comme elle avait déjà résisté à celles, de son époux.

Les visites d'Aoudam ne sont pas longtemps ignorées du mari, dont la jalousie et les désirs de vengeance vont jusqu'à la fureur. Il profite de la prochaine visite de son rival, pour l'attendre dans un endroit écarté, et l'attaquer à la tête de plusieurs de ses parents. Les assassins sont bravement repoussés, mais Aoudam ne s'échappe qu'avec une blessure mortelle. Aussi le mari, pour savoir jusqu'à quel point Aoudam était aimé de sa femme, se fait un cruel plaisir de venir lui annoncer lui-même la mort de son amant.

Le seul plaisir de Dourkhâni, pendant les longs intervalles qui s'écoulaient entre les visites de son bien-aimé, était de se retirer dans un jardin où elle cultivait deux fleurs, qu'elle avait nommées, l'une de son nom, et l'autre d'après l'objet de ses affections. Le jour du combat, elle était occupée à soigner ses fleurs, lorsqu'elle voit tout à coup celle d'Aoudam languir; et avant qu'elle n'ait le temps de revenir de sa surprise, son mari arrive; il se présente à elle le sabre à la main, et encore tout couvert, dit-il, du sang d'Aoudam. Cette épreuve est fatale à Dourkhâni : elle tombe à terre, brisée par la douleur et l'effroi, et elle expire sur le lieu même. La nouvelle en est portée à Aoudam, qui gît blessé près du théâtre du combat; et à peine a-t-il appris l'affreuse nouvelle, qu'il rend le dernier soupir, en prononçant le nom chéri de sa maîtresse. On les ensevelit loin l'un de l'autre; mais leur amour était plus fort que la mort, et on retrouva leurs deux cadavres réunis dans le même tombeau. Deux arbres sortirent spontanément de la terre qui les renfermait; ils mêlent encore leurs branches amoureuses sur la tombe des deux amants.

Les funérailles des Afghans ne diffèrent pas de celles des autres mahométans. Un mollah assiste le malade à ses derniers moments, et l'engage à se repentir de ses péchés. Le moribond répète ses prières et expire, le visage tourné du côté de la Mecque, en proclamant qu'il n'y a de Dieu que Dieu, et que Mahomet est son prophète. Quand il a rendu le dernier soupir, on lave le corps, on l'enveloppe dans un linceul et on l'ensevelit, lorsque le mollah a récité les prières ordinaires, auxquelles assistent tous les parents ou voisins du défunt. S'il était riche, les héritiers payent un des mollahs pour réciter des prières pendant quelques jours sur son tombeau.

La cérémonie de la circoncision est la même dans tous les pays musulmans. C'est une grande fête et une occasion de réjouissance dans les familles.

Ce sont les mollahs qui sont chargés de l'éducation de tous les enfants. Quelques-uns n'apprennent rien de plus que le *Namáz*, quelques prières, certains passages du Koran, les cérémonies de leur religion, et enfin les obligations imposées à un musulman. Du côté de Péchaver, et chez les Dourânis, on apprend encore assez généralement à lire le Koran, mais la plupart du temps sans le comprendre. Telle est l'éducation des gens du commun, dont un quart, à peine, sait lire sa propre langue.

Les gens riches ont des mollahs dans leurs maisons, pour élever leurs enfants.

Il y a un maître d'école, dans chaque village et dans chaque campement; on lui donne, pour sa paye, une certaine étendue de terrain, et de plus il perçoit une certaine contribution sur chacun de ses écoliers; souvent il réunit à cette fonction celle de prêtre du village, mais plus souvent encore les deux offices sont séparés. Dans les villes, il y a des écoles comme celles de l'Europe, où le maître n'est payé que par ses écoliers. La somme qu'on paye d'ordinaire à un maître d'école à Péchaver est d'environ un franc cinquante centimes par mois. D'ailleurs cette contribution se règle ordinairement sur les ressources du père. Presque toujours les enfants logent chez leurs parents, et ne vont à l'école que pendant le jour; mais chez les Berdourânis on envoie quefquefois les enfants à un village éloigné, où ils couchent dans la mosquée, vivent d'aumônes, n'ont que peu de rapports avec leurs parents, et sont exclusivement confiés aux soins du maître dont ils suivent les leçons.

Voici à peu près le cours d'études qu'on suit à Péchaver. Suivant un commandement du prophète, conservé par la tradition, l'enfant commence à épeler ses lettres le jour où il a quatre ans, quatre mois et quatre jours; mais ce n'est qu'une cérémonie ce jour-là. Les études réelles ne commencent qu'à l'âge de six ou sept ans; alors on lui enseigne sérieusement ses lettres, et on lui apprend à lire un petit poëme persan de Saadi, où les vertus sont exaltées et les vices honnis, dans un style très-simple, mais qui ne manque pas d'élégance. Cette première étude exige de quatre mois à un an, suivant l'intelligence de l'enfant. Ensuite, les enfants pauvres apprennent à lire le Koran, et quelques livres écrits dans l'idiome national. Ceux qui appartiennent à des familles aisées commencent l'étude des classiques persans et un peu de grammaire arabe. Ceux qu'on élève pour en faire des mollahs consacrent beaucoup de temps à cette dernière étude, qui, vu les difficultés très-réelles qu'elle présente, exige quelquefois plusieurs années. Quand le jeune mollah est assez avancé dans cette science, il va à Péchaver, à Hashtnaggar ou quelque autre lieu célèbre par ses mollahs, et il y commence l'étude de la loi, de la logique et de la théologie. Avec ce bagage, l'éducation d'un mollah est complète. Il y en a cependant qui ne se contentent pas de cela, et étudient encore la métaphysique, la physique, au moins ce que les Asiatique en savent, l'histoire, la poésie, la médecine, qui est la science par excellence pour les gens de toutes les professions. Pour se livrer à ces études et approfondir leur science de la loi et de la théologie, les Afghans entreprennent souvent de grands voyages. Quelques uns vont jusqu'à Bokhara, qui passe pour un foyer de science en Asie; mais cependant Péchaver était regardé jusque dans ces derniers temps comme la ville la plus savante de tous ces pays, et il y venait peut-être plus d'étudiants de Bokhara même qu'il n'en allait de Péchaver à Bokhara. L'Inde jouit d'une très-faible réputation sous le rapport de la science, et l'hérésie des Persans fait que tous les Sunnites méprisent leurs écoles.

Le Poushtou, l'idiome national des Afghans, est peut-être un peu dur; mais c'est une langue pleine de force, et qui ne déplaît pas aux personnes accoutumées aux idiomes de l'Asie. Les dialectes de l'est et de l'ouest ne diffèrent pas seulement par la prononciation, mais aussi par certains radicaux. Aucun des auteurs célèbres qui ont écrit dans l'idiome poushtou ne compte plus d'un siècle et demi d'antiquité, et il n'existe peut-être pas de livre écrit en cette langue qui puisse remonter au delà de trois siècles. Ce qu'il y a de littérature dans l'Afghanistan a été inspiré par les Persans, et porte le caractère de l'imitation.

Le plus populaire de tous les poëtes afghans, c'est Rehmân, qui n'a composé que des odes calquées sur celles des Persans. Khoushâl serait peut-être, aux yeux des Européens, supérieur à Rehmân; car ses œuvres sont beaucoup plus originales, et plus caractéristiques du peuple qui les a produites. Elles sont d'une simplicité qui dégénère souvent en rudesse; sa poésie est quelquefois plate et prosaïque, mais souvent aussi

pleine de l'indomptable esprit de son auteur, resplendissante des plus nobles inspirations de la liberté et de l'indépendance. Khoushâl était khan des Khattaks, tribu qui habite à l'est de Péchaver. Il passa sa vie à lutter contre le Grand-Mogol : le sentiment qui l'anime dans son poëme d'Aurengzeb, comme dans la plupart de ses autres œuvres, c'est d'exciter ses compatriotes à défendre leur indépendance, à leur recommander la concorde et l'union, comme leur seul moyen de succès. Il raconte toute sa vie dans ses vers : un de ses poëmes commence ainsi :

Viens et écoute l'histoire de ma vie,
Dans laquelle le bien et le mal se mélangèrent.
Tu y trouveras des préceptes et des exemples
Agréables tous les deux à l'esprit du sage.
Je suis Khoushâl, fils de Shahbâz Khan,
Descendu d'une race de guerriers.
Shahbâz était fils de Yéhia Khan,
Un brave comme il n'en exista jamais.
Yéhia Khan était fils d'Acora,
Qui était sultan par l'épée.
Il était, à la fois, terrible par l'épée
Et maître dans l'art de l'archer.
Tout ennemi qui se présentait à ses coups
Avait bientôt trouvé sa place dans le tombeau.
Généreux dans la bataille et à la table,
Il avait le courage et la courtoisie. .
. . . . . . . . . . . .
Ses compagnons
Étaient gens de cœur qui jouaient avec la vie ;
Et, par-dessus tout, c'étaient des gens sincères.
Ils descendirent dans la tombe couverts de
    sang;
Car c'étaient tous des héros.
La famille devint nombreuse,
Et tous furent des hommes dignes.
Unis en toutes leurs entreprises,
L'honneur et la gloire leur étaient chères à
    tous.
C'était dans l'an de l'hégire 1022
Que je vins dans ce monde.
            Etc., etc.

Il raconte ensuite comment, à la mort de son père, il devint grand khan de sa tribu; comment il commandait à trente mille Khattaks, et comment il a vécu dans une plus grande splendeur qu'aucun de ses ancêtres. Il fait ensuite le dénombrement de ses chevaux, de ses faucons, de ses chiens de chasse, et se glorifie d'avoir donné une généreuse hospitalité à des milliers de gens. Puis vient l'histoire de ses malheurs, accompagnée de torrents d'invectives contre les Mogols, mêlée d'amers reproches contre ses fils, qui s'étaient laissés entraîner par des promesses d'avancement, à faire cause commune avec les ennemis de leur pays.

Je suis l'ennemi d'Aurengzeb le roi,
Quoique j'habite de pauvres montagnes
  désertes.
Je suis pour l'honneur du nom afghan,
Et cependant ils ont pris parti avec les Mo-
  gols !
Ils rôdent autour de leur camp comme
  des chiens affamés,
Pour obtenir la soupe et le pain du Mo-
  gol,
Tout cela dans l'espérance de voir aug-
  menter leur grandeur.
Toujours ils sont à ma poursuite avec mes
  ennemis.
Ma main pourrait les atteindre ;
Mais puis-je me détruire moi-même dans
  mes enfants ?

Il continua sa longue lutte avec le courage et l'héroïsme d'un Wallace, réussissant quelquefois à battre les armées royales, et quelquefois aussi errant presque seul dans les monta- gnes. Enfin il tomba dans les mains d'Aurengzeb, fut emmené captif dans l'Inde, et emprisonné pendant trois ans dans le fort de Goualior, la grande prison d'État de ce temps.

Pendant sa captivité, il composa une élégie sur ses infortunes et celles de son pays ; il la termine par ces fières paroles :

« Et cependant, malgré tous mes malheurs, je remercie encore Dieu de deux choses :

« La première, d'être Afghan ; et la seconde, d'être Khoushâl Khattack. »

A la fin il fut relâché, et retourna dans son pays, où il publia un grand nombre de poëmes, et une histoire des Afghans depuis la captivité de Baby- lone.

Le poëme qui suit fut composé à une époque où Khoushâl et ses confé- dérés, après avoir gagné de brillantes victoires, s'étaient laissés enivrer par le succès. S'étant divisés et ayant at- taqué l'ennemi séparément, ils s'étaient fait battre en détail, par suite de ce manque d'union. Khoushâl Khan se rendit alors au pays des Yousoufzis, et n'épargna rien pour déterminer cette puissante et nombreuse tribu à se réunir à lui contre l'ennemi com- mun, Mais il semble qu'alors tout le

monde inclinait à la paix ; disposition que le poëte cherche à combattre, en exaltnta le souvenir des victoires passées, en rappelant l'humeur cruelle et vindicative d'Aurengzeb, en cher- chant à persuader à ses amis qu'il n'y a de ressource que dans la guerre, et de salut que dans l'union.

*Poëme.*

D'où nous vient ce printemps qui reparait
  au ciel,
Qui fait de la terre comme un jardin de
  roses ?
Voici l'anémone et les fleurs parfumées de
  la prairie,
Et le jasmin, et le narcisse, et la belle fleur
  du grenadier.
Les fleurs du printemps sont de toutes
  couleurs ;
Mais la joue de la tulipe-rose brille au-des-
  sus de toutes les autres.
Les jeunes filles ont des bouquets de roses
  dans leur sein ;
Et les jeunes gens des branches de fleurs
  dans leurs turbans.
Le musicien promène son archet sur le
  Tchéghâneh,
Et fait résonner des mélodies sur chaque
  corde de son instrument.
Viens, ô mon échanson fidèle, remplis,
  remplis bien ma coupe ;
Que je m'enivre de vin et des charmes de
  la nature !
Que je m'enivre ! car la jeunesse de l'Af-
  ghanistan a rougi ses mains,
Comme le faucon ses éperons, dans le
  sang de son ennemi ;
La brillante épée s'est rougie de sang,
Comme un bouquet de tulipes pendant
  l'été.
Amail Khan et Derry Khan ont été des
  héros :
Enflammés l'un et l'autre d'une noble ri-
  valité,
Ils ont fait couler un fleuve de sang dans
  la vallée de Khyber,
Et poussé le tumulte de la guerre jusqu'à
  Carrepa.
De Carrepa à Badjour, les montagnes et les
  plaines
Ont tremblé, comme agitées par un trem-
  blement de terre.
Voici maintenant cinq ans que, dans ces
  contrées,
Chaque jour a entendu le cliquetis des
  brillantes épées.
Mais depuis que j'ai quitté ce pays, je suis
  anéanti !
Suis-je mort, ou bien les autres sont-ils
  morts ?
Je ne cesse d'appeler les guerriers au com-
  bat,
Mais ceux qui devraient m'entendre sont
  sourds à mes plaintes et à mes reproches.
Oh ! si j'eusse connu les dispositions des
  Yousoufzis,
J'aurais mieux aimé fuir à Danghar.

Les chiens des Khattacks vaudraient mieux
que les Yousoufzis,
Lors même que les Khattacks eux-mêmes
ne vaudraient pas mieux que des chiens.
Tous les Afghans, depuis Candahar jusqu'à
Attock,
Sont attachés par les mêmes liens de l'hon-
neur.
Voyez aussi combien de batailles ils ont
livrées,
Et combien les Yousoufzis sont insensibles
à la honte!
La première, c'était au delà des monta-
gnes,
Et quarante mille Mogols y furent taillés
en pièces;
Leurs femmes et leurs filles devinrent pri-
sonnières des Afghans,
Qui emmenèrent par longues files des
chevaux, des chameaux, des éléphants.
La seconde bataille fut livrée par Mir
Hussein dans le Douáb,
Et sa tête y fut brisée comme celle d'un ser-
pent.
Ensuite vint le combat du fort de Nons-
hera,
Qui désenivra la tête des Mogols;
Puis vinrent Djeswant Sing et Shoudja
Khan,
Qu'Amaïl défit à Gundáb.
La sixième bataille fut livrée à Mouker-
rim Khan,
Qu'Amaïl battit à en devenir fou de joie.
Jusqu'ici nous avons toujours été victo-
rieux dans la bataille :
Ayons donc pour l'avenir confiance dans le
Seigneur!
L'an dernier, Aurengzeb est venu planter
ses tentes contre nous,
Troublé dans ses manières et troublé dans
son esprit,
Car tous ses nobles sont morts dans la ba-
taille :
Et ses soldats qui ont péri, qui pourrait
les compter?
Les trésors de l'Indoustan ont été répan-
dus comme la poussière,
Les Mohors d'or rouge se sont perdus
dans les montagnes.
En vingt fois aucun homme n'aurait pu
deviner
Que de pareilles choses se sont passées dans
ce pays.
Cependant la malignité du roi n'a pas dimi-
nué,
La malignité qui attira sur lui les malédic-
tions de son père.
Ne vous confiez pas au roi;
Car il a de mauvais desseins, car il est faux
et trompeur.
Cette affaire ne peut se terminer que de
deux manières :
Il faut, ou que les Mogols soient détruits,
ou que les Afghans périssent.
Si c'est là ce que prédisent les astres du ciel,
Si c'est la volonté de Dieu que nous péris-
sions, le jour en est venu.
Les cieux nous amènent chaque jour un
jour nouveau;
L'un fait fleurir la rose, et l'autre les épines.
Le jour du danger est le jour de l'honneur.
Sans honneur, que deviendraient les Af-
ghans?

D'ailleurs, il n'y a de délivrance pour eux
que par l'épée,
Et les Afghans sont plus braves par l'épée
que les Mogols.
Si leur intelligence se réveillait,
Si les Oulousses voulaient s'entr'aider,
Les rois seraient bientôt humiliés devant
eux.
Mais la dissension et la concorde, la lâ-
cheté et la prudence
Sont dans la main de Dieu, qui assigne à
chacun sa part.
Vous verrez ce que les Afridis, les Moh-
mends et les Chanouaris feront
Lorsque l'armée du Mogol viendra camper
à Ningrahár.
Mais je suis seul à sentir l'honneur de no-
tre nom,
Car les Yousoufzis s'endorment dans la
paix de leurs vallées.
Celui qui est aujourd'hui coupable d'une si
grande imprudence
Verra à la fin le résultat de sa conduite.
Pour moi, la mort est meilleure que la vie,
Quand la vie ne peut pas se conserver avec
l'honneur.
Nous ne vivrons pas toujours dans ce
monde;
Mais la mémoire de Khoushál Khattack y
vivra.

Au nombre des poëtes poushtous il faut compter aussi Ahmed Shah, qui composa un livre d'odes dans cette langue. Il a été fait de nombreux commentaires sur ces odes.

Les prosateurs afghans se sont surtout occupés de théologie et de jurisprudence. Il y a cependant aussi quelques ouvrages sur l'histoire du pays. Les livres écrits en poushtou ne doivent pas être pris comme mesure de l'instruction de la nation; car le persan est toujours la langue savante, et c'est en persan que sont écrits la plupart des livres de science. Il n'est pas facile de dire le nombre des auteurs qui ont écrit en cette langue; et si l'on comprend dans la quantité tous ceux qui vivaient dans l'Afghanistan, on y trouvera quelques-uns des plus grands auteurs persans. Si, au contraire, on ne compte que ceux qui appartenaient à des tribus indigènes, le nombre total des écrivains afghans sera très-peu considérable. Ce qui est certain, c'est que la lecture des auteurs persans est familière à la plupart des Afghans; mais, en même temps, que l'instruction et la culture générale du peuple est inférieure à celle de la Perse. Les sciences qu'on cultive dans l'Afghanistan sont les mêmes qu'en Perse, et la manière de les étudier est la même que dans tous les autres pays de l'Asie. Un savant de ces contrées, en rencontrant un autre qu'il ne connaîtra pas, lui demandera quelles sciences il a étudiées, quels livres il a lus; et celui-ci répondra : Depuis tel livre jusqu'à tel autre. Réponse qui sera aussitôt comprise, car ils lisent tous selon un certain ordre fixe et invariable, comme les écoliers. Cette méthode les empêche de posséder ces connaissances si variées qu'on trouve chez les Européens; mais aussi il est juste de dire que ce qu'ils savent, en général ils le savent bien. Toutefois, cette méthode en quelque sorte fatale éteint la curiosité et détruit l'originalité de l'esprit. Aussi, les Asiatiques sont-ils généralement d'une intelligence très-paresseuse. Sous ce rapport, les Afghans sont comme les autres; ils ne s'occupent avec quelque suite que de la métaphysique et de la dialectique, où ils ont fait quelques progrès.

Les encouragements que les sciences et la littérature ont reçus des rois afghans méritent d'être remarqués à leur honneur. Ahmed Shah aimait beaucoup les lettres, et tenait, chaque semaine, un Medjlissi Ouléma (ou assemblée de savants), qui commençait toujours par des dissertations sur la théologie et la jurisprudence, et se terminait par des conversations sur la science et la poésie, qui se prolongeaient souvent jusqu'au lendemain matin. Timour Shah conserva l'habitude de ces réunions, et il n'était pas rare de l'y voir lire quelques-unes de ses compositions. Il a publié un livre d'odes persanes, dont on parle avec beaucoup d'éloges dans le pays, bien que la malignité ajoute qu'elles ont été revues et corrigées par Firoghî, poëte célèbre de sa cour. Ahmed Shah a aussi écrit quelques poëmes en persan. Shah Zemân, qui passait pour l'homme le plus lettré de sa famille, a aussi sacrifié aux Muses. Un jour ses mollahs lui persuadèrent de défendre par proclamation souveraine l'étude de la lo-

gique, contraire à la foi mahométane; mais cet édit n'eut d'autre effet que de provoquer les rires et les plaisanteries de ceux à qui il était adressé. Shah Shoudja, qui vient de mourir, était un arabisant distingué, faisait des vers passables, et, à tout prendre, avait la réputation d'un homme instruit.

### § 6. Religion, sectes et superstions des Afghans.

La religion mahométane est si connue aujourd'hui, on en trouve les préceptes et la doctrine exposés dans tant de livres, qu'il est complétement inutile d'y revenir ici. Nous ne mentionnerons donc que ce qui est particulier aux Afghans.

Tous les Afghans appartiennent à la secte sunnite, qui reconnaît les trois premiers califes comme successeurs légitimes de Mahomet, admet leur manière d'interpréter la loi du prophète, et les préceptes dont ils ont transmis tradition. Ils regardent comme hérétiques les Shiites, qui rejettent les trois premiers califes, comme rebelles et usurpateurs du trône d'Ali, le neveu de Mahomet et le quatrième de ses successeurs. Cette dernière secte n'existe qu'en Perse; tous les autres mahométans sont Sunnites. La différence entre eux, quoiqu'elle ne soit pas assez forte pour produire de grands dissentiments dans le dogme et la morale, est cependant assez vive pour avoir engendré une haine profonde. La partie peu éclairée des Afghans considère certainement les Persans comme plus infidèles que les Indous, et les déteste assurément plus pour leur hérésie que pour tout le mal qu'ils ont fait à leur pays.

Cependant, chose assez étrange, les sentiments des Afghans pour les peuples d'une religion tout à fait différente de la leur sont des sentiments de tolérance plutôt qu'autrement, à moins qu'ils ne soient en guerre avec eux. Ils croient, comme les autres musulmans, « qu'aucun infidèle ne sera sauvé; qu'il est légitime et même méritoire de faire la guerre aux non croyants; qu'on doit ou les convertir ou leur imposer un tribut, et même les mettre à mort, s'ils ne veulent pas subir l'une ou l'autre alternative. » Mais il est vrai aussi que Shah Zémân, dans sa conquête du Pendjâb, montra la plus grande tolérance pour les Sikhs, et défendit de les molester, à moins qu'ils ne prissent les armes. D'un autre côté, le même prince se laissa persuader par un bigot mollah d'essayer de convertir deux Sikhs, et de les faire périr dans les tourments, parce qu'ils refusaient d'embrasser l'islamisme ; et l'historien indou de la bataille de Panipat raconte le cruel massacre de fugitifs désarmés, et même de prisonniers mis à mort, dit-il, par la fureur religieuse des musulmans. Mais, quelle que soit leur conduite à la guerre, la manière dont les Afghans traitent dans leur pays des gens qui à leurs yeux sont infidèles, est très-douce et très-honorable pour des disciples du prophète. On connaît leur haine pour les idolâtres, et cependant ils laissent aux Indous le libre exercice de leur religion, et leurs temples sont respectés ; seulement il leur est défendu de faire des processions religieuses et d'exposer publiquement leurs idoles. Les Indous sont regardés comme impurs, et aucun orthodoxe ne voudrait manger d'un plat préparé par eux. Cependant, on ne les traite ni avec mépris, ni avec rigueur ; souvent ils occupent des places de confiance, dont quelques-unes sont très-lucratives ; et ceux qui habitent l'Afghanistan paraissent y vivre autant à leur aise que tous les autres habitants. La meilleure preuve de la tolérance des Afghans, c'est ce qu'en disent les Sikhs, qui ont voyagé dans leur pays. Chez eux les Sikhs sont habitués à traiter les musulmans comme leurs inférieurs, et seraient par conséquent très-sensibles à toute injure qui leur serait faite par un homme de cette religion : cependant tous ceux qui ont voyagé dans l'Afghanistan s'accordent à parler avec éloge de la façon dont ils y ont été reçus.

Il faut dire cependant que les Indous payent une taxe légère, dont les musulmans sont exemptés ; que ceux-là les regardent, au fond, comme appartenant à une race inférieure ; et qu'enfin ils sont quelquefois exposés à la tyrannie des mollahs. Cette tyrannie s'exerce au nom de la loi, et l'anecdote suivante montrera comment elle se pratique. « Un mollah, supplanté dans ses amours par un Indou, informe le câdi que son rival, après avoir embrassé l'islamisme, était retombé dans l'idolâtrie. Le câdi ayant examiné les témoins ( lesquels affirmèrent sous serment la conversion de l'Indou, et jurèrent qu'il avait répété le symbole de la foi mahométane), ordonna que l'accusé serait circoncis malgré lui. La sentence devait être exécutée par le magistrat civil ; mais le gouverneur Dourâni de Péchaver s'y refusa. A cette nouvelle, le mollah assembla ses confrères ; et, entrant dans la ville à la tête de quelques milliers de mollahs (car ils abondent à Péchaver), il se dirigea sur la principale mosquée. Là il empêcha l'appel ordinaire à la prière, suspendit toutes les cérémonies de la religion, comme si le pays était en interdit, et fit si bien que le gouverneur fut à la fin obligé d'appeler la cause devant lui. Après avoir fait de vains efforts pour mettre les témoins en contradiction avec eux-mêmes et les convaincre de faux témoignage, il ordonna que l'Indou serait circoncis. La cruelle opération s'accomplit, et le nouveau converti s'enfuit à Lahore, où il reprit l'exercice de la religion de ses pères. »

Pour les chrétiens, la tolérance est parfaite. Un catholique de Constantinople, qui comptait quinze ou vingt ans de séjour dans l'Afghanistan, en rendait témoignage à Montstuart Elphinstone. Quelquefois il se plaignait des Afghans sous d'autres rapports ; mais il disait toujours qu'ils n'avaient aucune antipathie pour les chrétiens. Il prenait soin de ne jamais attaquer les doctrines de l'islamisme, à moins qu'il ne fût assuré des sentiments de son auditoire ; et, sous tous les rapports autres que ceux de la religion, il était traité comme un musulman originaire de pays étrangers. « J'ai eu plusieurs « occasions de mettre à l'épreuve dit

« M. Elphinstone, la fidélité de ses
« domestiques musulmans, auxquels
« il confiait quelquefois des secrets
« qui auraient pu lui coûter la vie. Il
« était toujours traité avec considéra-
« tion par les gens de tout rang, et
« entre autres par l'iman du roi, le chef
« de la religion dans le Caboul. Ce qui
« prouve combien la tolérance est
« réelle, c'est qu'il était tout particuliè-
« rement suspéct au premier minis-
« tre, à cause de son attachement pour
« Moktar o-Doulet ; il fut même, pour
« ce motif, emprisonné quelque temps
« au Bala-Hissar, mais jamais on ne
« songea à l'inquiéter sous prétexte de
« religion. »

Les Shiites sont plus mal vus que
toute autre secte religieuse : cependant tous les Persans (et ils sont nombreux) qui habitent le pays sont Shiites, et quelques-uns y occupent de très-
brillantes positions. Leur religion leur
permet et même leur ordonne de dis-
simuler leur foi lorsqu'ils se trouvent
en pays infidèle ou hérétique, et cette
capitulation de conscience les met à
couvert contre la persécution. C'est
ainsi qu'on ne les voit jamais prier
dans l'attitude particulière à leur secte,
qu'on n'entend jamais leurs malédi-
ctions contre les trois premiers califes,
qu'ils n'observent pas les fêtes particulières à ceux de leur religion pendant le Moharrem. Cependant les
Shiites, sans doute parce qu'ils sont
en flagrante minorité, sont beaucoup
plus fanatiques que les Sunnites, et ne
se font jamais scrupule de les attaquer
et de les maudire lorsqu'ils se trouvent
devant des gens d'une religion différente. D'après une certaine histoire
d'un ambassadeur chrétien, qui, sous
le cinquième calife, se déclara pour les
fils d'Ali et souffrit le martyre plutôt
que de renoncer à son opinion, ils
croient que tous les chrétiens sont
convaincus, par la force naturelle de la
raison, qu'Ali et ses fils étaient dans
leur droit.

Une autre secte, qui compte quelques partisans à Caboul, c'est celle des
Soufis, que l'on doit peut-être regarder
comme des philosophes plutôt que

des religionnaires. Ce qui paraît résulter de leur mystérieuse doctrine, c'est
que tout le monde animé et inanimé
n'est qu'une illusion des sens, et qu'il
n'existe rien que l'Être suprême, lequel se présente sous une infinité de
formes à l'âme humaine, qui n'est elle-
même qu'une émanation de l'essence
divine. La contemplation élève quelquefois les Soufis au plus haut degré
d'enthousiasme. Ils admirent Dieu
dans toutes choses, et, par de fréquentes méditations sur ses attributs, ils
imaginent pouvoir atteindre à l'amour
ineffable de la Divinité, et même à
une absorption complète dans sa substance. Comme conséquence nécessaire de cette théorie, ils considèrent
les préceptes de toute religion comme
des superfluités, prétendant qu'il est
fort peu important de savoir de quelle
manière la pensée de l'homme se tourne
vers Dieu, pourvu qu'en réalité elle
reste en contemplation devant sa grandeur et sa bonté. Cette secte est persé-
cutée en Perse ; et quoiqu'elle ne soit
pas inquiétée dans le Caboul, elle est
cependant odieuse aux mollahs, qui
l'accusent d'athéisme, et cherchent souvent à convaincre ses sectateurs des
doctrines que punit la loi mahométane ;
mais leurs tentatives sont rarement
heureuses ; car la plupart des Soufis
sont de sincères musulmans, malgré
l'incompatibilité réelle des deux doctrines.

Cependant cette secte gagne du terrain, surtout dans les classes élevées
de la population, et même parmi ceux
des mollahs qui étudient la littérature ;
car son obscure sublimité est très-sé-
duisante pour les gens de cette classe.
L'amour du mystère, qui est si remarquable chez eux, les conduit naturellement à se former la plus haute opinion de tout ce qui est caché ; et il a
même entraîné quelques-uns d'entre
eux à vouloir pénétrer avec une avide
curiosité dans les secrets de la franc-
maçonnerie. Tout ce qui en est connu
cependant aux Afghans leur a été com-
muniqué par un certain derviche qui
avait voyagé en Europe, et s'était fait
initier. Il raconta « qu'on le fit entrer

dans une certaine maison de mystérieuse apparence, et qu'après avoir traversé plusieurs cours et des souterrains
obscurs, on l'introduisit dans une pièce
où huit personnes étaient assises. Elles semblaient abîmées dans leurs contemplations, et portaient sur leurs vi-
sages tous les signes de l'inspiration.
Le derviche apprit là des choses iné-
narrables, et, dans un instant de conversation avec ces sages, il acquit plus
de connaissances sur les plus sublimes
sujets, qu'il n'aurait pu le faire en plusieurs années de laborieuse étude.

Une secte que l'on confond quelquefois avec les Soufis est celle qui porte
le nom du mollah Zakki, qui l'introduisit le premier dans l'Afghanistan.
Ses sectateurs croient que tous les pro-
phètes ont été des imposteurs, et que
la révélation n'est qu'une invention.
Ils semblent douter beaucoup de la vérité d'une vie future, et même de l'existence de Dieu. Cette doctrine paraît
être très-ancienne ; elle fut jadis pro-
fessée par le poëte persan Kheïoum,
dont les livres sont des tissus d'im-
piété telle qu'on n'en trouve probablement dans aucune autre langue. Kheïoum s'appesantit surtout sur l'existence du mal, et accuse l'Être-Suprême
de l'avoir introduit dans le monde,
en des termes qu'on ne saurait imaginer. Les Soufis ont fort maladroite-
ment voulu faire rentrer ce poëte dans
leur système. Au moyen d'interpréta-
tions forcées ils expliquent quelques-
uns de ses blasphèmes, et représentent
les autres comme des libertés ou des
reproches innocents, comme ceux qu'un
amant adresse à sa bien-aimée. Les
sectateurs du mollah Zakki profitent,
dit-on, amplement de la sécurité que
leur donne leur doctrine, par rapport
à l'enfer et à la vengeance de Dieu ;
aussi passent-ils pour les gens les plus
dissolus et les plus immoraux de l'Afghanistan.

La secte Roushemia a fait grand
bruit parmi les Afghans pendant le sei-
zième siècle, mais elle est presque
éteinte aujourd'hui. Elle fut fondée
sous le règne de l'empereur Akhbar
par Bayézid Ansâri, que ses ennemis

appelaient le *Péri Tárik*, ou l'apôtre
des ténèbres, pour se moquer du titre
de *Péri Roushem*, ou apôtre de la lu-
mière, qu'il avait pris. Il professait les
mêmes principes que les Soufis ; mais
comme il y ajoutait la croyance à la
transmigration des âmes, il est probable qu'il s'était inspiré des Yôgis, secte
de philosophes indous, qui ont mêlé
les dogmes de la religion dans laquelle
ils ont été élevés aux doctrines des
Soufis. Bayézid Ansâri greffa sur le
tout quelques opinions à lui propres.
Ainsi il enseignait que les manifesta-
tions les plus complètes de la Divinité
s'étaient faites dans la personne de
saints personnages, et surtout dans la
sienne ; que tous les hommes qui n'em-
brasseraient pas ses idées devaient être
considérés comme morts, et que leurs
biens devaient par conséquent tomber
à ses partisans, en qualité d'héritiers
survivants : bien plus, ces héritiers
improvisés avaient le droit de s'em-
parer de leur héritage quand bon leur
semblerait, et cela sans s'inquiéter
aucunement des réclamations des propriétaires morts, qui pourraient peut-
être affecter de vivre, malgré la décision du Péri.

Bayézid était un homme de grand
talent, et sa religion se répandit rapidement chez les Berdourânis, à tel
point qu'il put lever des armées, et
livrer bataille au gouvernement. A la
fin, cependant, il fut défait par les
troupes royales, et mourut de misère
et de fatigue. Ses fils essayèrent de
continuer sa querelle, et ils y réussi-
rent pendant quelque temps ; mais ils
furent presque tous tués ; et l'on
montre encore sur l'Indus deux rochers
noirs qui sont, dit-on, les corps trans-
formés de Djelal-el-Din et de Kemal-
el-Din, deux fils du Péri Tárik qui
furent précipités dans ce fleuve, et
noyés par ordre d'Akhound Derwezeh.
Ces rochers s'appellent encore Djelal-
lia et Kemallia, et sont situés près
des tourbillons occasionnés dans le
fleuve par le confluent de la rivière de
Caboul. Les orthodoxes prétendent
qu'il est tout naturel que les bateaux
viennent se briser contre les corps de

Gibert del.

Lemaitre direxit.

Ghazna.

ces hérétiques, qui ont pendant leur vie fait faire naufrage à tant d'âmes malheureuses. Le principal adversaire du Péri Târik fut Akhound Derwezeh, Tadjik de Bounere, qui passe aujourd'hui pour le plus grand saint de l'Afghanistan. Il a composé de nombreux ouvrages, qui jouissent maintenant d'une très-grande réputation parmi ses compatriotes. Toutefois, à en juger par ce qu'on en connaît, il est vraisemblable que le Péri Târik serait resté long-temps sans réfutation, si les arguments d'Akhound Derwezeh n'eussent pas été appuyés par les armes des empereurs mogols.

Cependant on trouve encore quelques adhérents de cette secte dans le voisinage de Péchaver.

Il y a, sans doute, encore quelques autres sectes parmi les Afghans, mais on doit dire qu'en masse ils sont mahométans sunnites orthodoxes, et pour la plupart assez tolérants. D'après le style ordinaire de leurs conversations, on croirait que toute la population, jusqu'aux plus simples paysans, est sans cesse occupée de contemplations pieuses; ils ne prononcent pas une phrase sans y mêler quelque allusion à la Divinité, et le plus simple accident leur arrache une exclamation dévote. Ainsi ils ne parlent jamais d'un événement à venir, quelque certain qu'il puisse être, sans ajouter *Inshállah*, s'il plaît à Dieu. Ils appliquent même cette formule aux faits accomplis; et un Afghan, interrogé sur son âge, répondra le plus souvent : « J'ai quarante-cinq ans, s'il plaît à Dieu ! » C'est la coutume de porter un chapelet à sa ceinture, et de le réciter quand la conversation s'arrête. Ils affirment toute chose sous serment, à tout propos, et avec autant de solennité que s'ils étaient devant le tribunal le plus grave. « Je jure par Dieu et par son Prophète. » « Puissé-je sortir de ce monde infidèle, si cela n'est pas vrai ! » « Que ma femme divorce trois fois, si je mens. » Un de leurs serments les plus solennels se fait en invoquant le nom de Dieu trois fois de suite, et chaque fois d'une manière différente :

« Ouallah, Billah, Tillah ! » Ils ont aussi, en commun avec la plupart des musulmans, une singulière coutume, qui permet d'imposer quelque chose à quelqu'un au moyen d'un serment. C'est une espèce d'adjuration qui oblige bon gré, mal gré, la personne à qui l'on récite la formule du serment. Ainsi un homme dit à un autre : « Je jure, par le Coran, que jamais vous ne révélerez ce que je vous ai confié. » Ou bien encore, « Je jure par Jésus-Christ, l'âme de Dieu, que vous m'accordez ce que je demande. » Il est assez rare de voir des gens refuser ce qu'on exige d'eux par ce moyen-là; et bien souvent on entend dire, comme pour se justifier d'avoir accédé à une requête déplacée : « Je ne l'aurais jamais fait, mais il me l'a imposé par serment. »

Les Afghans ne commencement jamais rien sans réciter le Fâtihah ; c'est le premier verset du Coran : « Louanges à Dieu, le Seigneur de toutes les créatures, le Très-Miséricordieux, le Roi du jour du jugement. Nous t'adorons; nous te demandons assistance; dirige-nous dans la voie droite, dans la voie de ceux pour qui tu as été gracieux, et non pas de ceux contre qui tu es courroucé, ni de ceux qui sont égarés. » Si quelqu'un se met à réciter ce verset à haute voix, le reste des assistants dit *Amen*. Cette cérémonie se fait dans toutes les occasions importantes, avant de commencer un voyage, de conclure un marché, un mariage, etc.

Il n'y a peut-être pas de peuple plus exact dans l'accomplissement de ses devoirs religieux. Ils font leurs prières cinq fois par jour : la première avant l'aurore, et la dernière peu après le crépuscule du soir. L'heure de la prière s'annonce toujours du haut des minarets par la voix des muezzins, qui crient aux fidèles : « *Allah ou Akhbar* » (Dieu est très-grand.), et le répètent jusqu'à ce qu'ils supposent que tous les fidèles ont pu les entendre. Cet appel à la prière a quelque chose de solennel, qui fait toujours impression sur les étrangers dans tous les pays musulmans. Chaque fidèle récite sa prière la face tournée vers la Mecque; et dans l'Afghanistan tous les gens riches portent une boussole, surtout en voyage, qui leur indique la direction de la Mecque. La prière se dit debout; ensuite le fidèle s'assied sur ses talons, comme les Persans, et continue ses dévotions dans cette attitude, se prosternant assez souvent jusqu'à frapper la terre avec son front. Ce n'est pas seulement la religion, qui ordonne, dans l'Afghanistan, à chaque fidèle de dire exactement ses prières; la loi civile l'ordonne aussi, et il y a des officiers nommés *Mouhtésibs* qui sont chargés de poursuivre les délinquants, et de punir tous ceux qui manquent aux prescriptions religieuses.

Le jeûne du Ramadân devient aussi une obligation civile: il est strictement observé; et comme il interdit de boire de l'eau ou même de fumer depuis le lever jusqu'au coucher du soleil, c'est réellement une observance rigoureuse. Cependant ce n'est pas une cause d'ennui pour les étrangers.

Le pèlerinage de la Mecque est une obligation imposée à tous les musulmans, une fois au moins dans leur vie. Beaucoup d'Afghans s'y soumettent. La route la plus ordinaire est par le Sind, où les pèlerins s'embarquent pour Mascat ou Bassora, et se rendent de là par terre à la Mecque. Ceux qui habitent le nord-est descendent l'Indus par eau, et le saint objet de leur voyage leur assure le respect même des tribus les plus pillardes. Beaucoup de pèlerins ne vivent que d'aumônes pendant le voyage; à la Mecque, ils sont défrayés sur la rente d'un fonds créé par Ahmed Shah, qui fit élever dans cette ville une mosquée et une sorte de caravansérai pour l'usage de ses compatriotes. Lorsqu'il n'y a que peu d'Afghans présents à la Mecque à l'époque du pèlerinage, et qu'il reste des fonds libres, on les distribue aux Arabes, qui par conséquent ne sont jamais très-enchantés de voir venir un grand nombre de pèlerins afghans. Aussi emploient-ils tous les moyens de les dégoûter, surtout en

les accusant d'être Shiites, parce que généralement ils parlent le persan. Tous les pèlerins afghans parlent avec horreur de la barbarie et de la rapacité des Bédouins arabes, et ils prétendent que le plus déterminé pillard de la plus pillarde tribu de l'Afghanistan n'est qu'un innocent, auprès de ces enfants du désert.

Le mahométisme exige que chacun des fidèles dépense une partie de son revenu en œuvres charitables. Les présents aux saints personnages, les subventions régulières des mollahs, sont compris dans cette catégorie, aussi bien que les aumônes distribuées aux mendiants. Dans les lieux éloignés des villes, où il n'y a pas de mendiants, on regarde l'argent dépensé en soins hospitaliers comme œuvre charitable. Les dés sont prohibés, ainsi que tous les jeux de hasard où l'on ne peut jouer que pour gagner de l'argent. Cette interdiction est assez peu observée; mais cependant les Afghans sont très-peu adonnés au jeu. Le vin est aussi défendu, et il n'y a que les gens riches qui en boivent; mais il est une drogue enivrante, nommée *Beng*, dont beaucoup trop de gens font usage, quoiqu'elle soit également défendue. Cependant c'est un des peuples les plus sobres que l'on puisse voir; et, sous ce rapport, ils sont très-supérieurs aux Indous. Rencontrer dans les rues des gens ivres, comme cela se voit souvent dans les villes brahmaniques, serait un prodige dans l'Afghanistan.

Les Mouhtesibs, qui ont la charge de la morale publique, sont en général des personnages très-peu populaires. On les accuse de relâcher souvent des coupables moyennant finance, et d'extorquer de l'argent aux innocents par intimidation. Ils ont le droit de faire appliquer jusqu'à quarante coups, et d'ordonner l'exposition des coupables au mépris public, en les promenant par la ville sur un âne ou sur un chameau, la tête tournée du côté de la queue de l'animal. Les Mouhtesibs portent à la ceinture l'instrument du supplice qu'ils peuvent ordonner, en guise d'insignes de leurs fonctions.

Dost.-Mohammed-Khan.

Les mollahs et tous les religieux prêchent en général une grande austérité de mœurs; il y en a qui, dans l'ardeur de leur zèle, font la guerre aux luths et aux violons. Cependant les tambours, les trompettes et les flûtes sont exemptés de la proscription; ce sont des instruments guerriers, mais les autres passent pour efféminés, et la musique est regardée comme indigne d'un vrai musulman. Le peuple paraît avoir peu d'envie de se conformer à cette austérité excessive : en général, on ne les écoute que pour les choses réellement sérieuses; et il y a même beaucoup d'endroits où ils n'ont aucune influence.

Les mollahs sont très-nombreux, surtout dans les villes. Lorsqu'on en parle comme corps, on les appelle les oulémas (les savants).

Ce sont des gens actifs, capables comparés à leurs compatriotes, très-attachés aux intérêts de leur corps, et très-soigneux à défendre son influence. Ils possèdent, à peu près exclusivement, toutes les lumières du pays. L'éducation de la jeunesse, la pratique de la jurisprudence et l'administration de la justice leur sont entièrement confiées : ces avantages, joints au respect que la supériorité de leurs connaissances leur mérite au milieu d'un peuple ignorant et superstitieux, leur permet dans quelques circonstances d'exercer un pouvoir presque illimité sur les individus, et même sur certaines corporations. Ce pouvoir, ils l'emploient à punir toutes les contraventions à la loi mahométane, à réprimer les Shiites ou autres infidèles, et enfin à venger ou à défendre les intérêts de leur ordre. L'influence des mollahs s'emploie souvent encore d'une façon salutaire à accommoder les différends des tribus. On voit des troupes de ces saints personnages s'avancer avec leurs grandes robes au milieu de deux Oulousses prêts à se livrer bataille. Ils portent devant eux le Coran, récitent des prières, exhortent le peuple à se rappeler leur Dieu et leur religion commune, et il est rare qu'ils ne réussissent pas à faire suspendre les hostilités, si même ils ne parviennent pas à rétablir définitivement la paix.

Les mollahs sont surtout puissants aux environs de Péchaver et dans tout le pays des Berdourânis. Dans la ville de Péchaver, le gouvernement sikh a beaucoup diminué leur autorité; mais dans les campagnes voisines une insulte faite à un mollah suffit pour exciter une émeute. Dans ces occasions les mollahs convoquent leurs confrères, suspendent l'exercice du culte, refusent d'assister aux enterrements, déclarent leurs antagonistes infidèles, et les excommunient formellement. Si cela ne suffit pas, ils promènent dans le pays l'étendard vert du prophète, battent le tambour, et proclament le *Silât* (cri de guerre des musulmans). Ils annoncent « que tous ceux qui périront pour leur cause jouiront de la gloire des martyrs, tandis que les autres seront excommuniés. » Ils ont ainsi bientôt rassemblé une grande multitude, ou, comme ils l'appellent, une armée; et comme les Afghans redoutent encore beaucoup plus leurs anathèmes que les chances des combats, ils forcent ordinairement les adversaires des mollahs à la paix.

On raconte dans le peuple (et les mollahs cherchent à les accréditer, de bonne foi peut-être) d'étranges histoires de remparts qui s'écroulent d'eux-mêmes devant des armées de mollahs, d'épées qui se brisent, de balles qui se détournent plutôt que de frapper ces saints personnages. Cependant on osa une fois leur résister, et cela dans le voisinage de Péchaver. L'Hâkim de Hashtnaggar mit en déroute une de leurs armées, qui voulait lui imposer, par la force, un contrat usuraire. Ils perdirent beaucoup de monde dans cette affaire, dont le résultat fit beaucoup de plaisir aux gens du voisinage; car, à tout prendre, les mollahs sont plus redoutés qu'aimés. Dans l'ouest, leur puissance est moins considérable; mais en général leur caractère, comme hommes, y est plus recommandable. Aussi sont-ils très-populaires, surtout dans la campague, quoique cependant on y connaisse très-bien les vices de leur ordre, et qu'on se plaigne souvent des contributions forcées qu'ils imposent aux mœurs hospitalières des habitants. Dans l'ouest aussi ils ont quelquefois fait sentir leur puissance, surtout sous le règne de Timour Shah, dont le premier ministre était un mollah. A cette époque, ils poussèrent l'insolence jusqu'à attaquer au milieu de Candahar la maison de Kefayet Khan, un noble, Shiite d'origine, qui avait été revêtu des plus hautes dignités du pays. Une bande de mollahs pénétra jusque dans son harem, exigea une rançon considérable, et ne sortit qu'en protestant contre l'injustice de la fortune, qui faisait qu'un Shiite se nourrissait de gras pilaus, tandis qu'eux-mêmes ils n'avaient, disaient-ils, que du pain sec. Il fallut l'intervention du roi pour apaiser cette émeute; et encore n'en vint-il à bout que très-difficilement.

Les vices particuliers aux mollahs sont l'hypocrisie, la bigoterie et l'avarice. Leur vie publique est le plus souvent celle de saints personnages; mais en secret bon nombre d'entre eux se livrent à tous les vices qui peuvent se satisfaire sans scandale; ils sont surtout accusés d'exercer généralement l'usure. Il est expressément défendu par le Coran de prêter de l'argent à intérêt, et il est peu de musulmans qui osent violer ouvertement les prescriptions d'une loi qu'il est si facile de tourner. Le plus souvent on se contente de prêter son argent aux commerçants, en stipulant une certaine part dans leurs bénéfices; ou bien on le place dans les mains de banquiers, qui garantissent au prêteur une part dans le résultat de leurs opérations. C'est là ce que font ordinairement les gens riches : mais les mollahs, ou du moins un grand nombre d'entre eux, ne prennent pas tant de précautions; ils prêtent ouvertement sur gages et à intérêt composé, et amassent ainsi des richesses incroyables. C'est par ce moyen qu'ils ont accaparé une notable portion des propriétés immobilières

du pays. Cependant ils ne se livrent pas tous à l'usure, et voici quels sont alors leurs moyens d'existence.

Outre ceux qui possèdent des bénéfices ecclésiastiques, outre les nombreux imans de village, qui perçoivent une certaine part sur les moissons et les troupeaux des fidèles, il y en a qui reçoivent des terres des chefs de villages, qui succèdent à des legs faits par des individus. Il y en a qui vivent de l'enseignement et de la pratique de la jurisprudence, qui sont maîtres d'école, ou précepteurs dans les maisons des gens riches : ceux-ci prêchent, et sont payés par leurs fidèles; ceux-là vivent sur des fonds légués aux œuvres de bienfaisance, sur des subsides accordés par leur village pour les mettre à même de faire leurs études, ou sur les aumônes et les mœurs hospitalières de la population; d'autres, enfin, font le commerce, deviennent fermiers, ou vivent de leur propre fortune.

Le grade de mollah est conféré, par une assemblée de personnes de l'ordre, à ceux qui prouvent avoir fait les études nécessaires et passé les examens requis. L'admission d'un candidat se fait suivant un cérémonial prescrit, dont le détail principal est la collation du turban de mollah, que le personnage le plus considérable de l'assemblée roule autour de la tête du récipiendaire.

Les mollahs se distinguent par un costume particulier, qui se compose d'une grande robe de coton blanche ou noire, et d'un immense turban blanc, de forme particulière.

Il n'existe pas de corporation de mollahs semblable aux ordres monastiques de l'Europe, et ils ne sont pas soumis à un chef ou à une discipline particulière, comme les églises chrétiennes. Excepté ceux qui exercent des fonctions civiles, ils sont tous parfaitement indépendants, et leur violent esprit de corps ne vient que de la communauté de leurs intérêts. Ils se marient tous, et vivent à tous égards comme les laïques. La plupart affectent une grande gravité de manières;

mais on en voit aussi qui fréquentent joyeuse compagnie et prennent part à tous les plaisirs. On en voit coiffés de leurs larges turbans blancs, une écharpe bleue passée sur l'épaule, un grand bâton à la main, et un livre sous le bras, défilant la parade dans les rues, à la tête d'une douzaine de leurs disciples. Un autre, assis dans le divan d'un homme riche, harangue l'assistance, prêche sa doctrine; ou bien il amuse le maître de la maison avec ses plaisanteries et ses histoires, qu'il récite en faisant circuler son immense tabatière dans son auditoire. Les mollahs de cette sorte passent pour de très-aimables compagnons.

Ce n'est pas chose facile de savoir si, à tout prendre, les mollahs sont, oui ou non, un corps utile de l'État. D'un côté, ils rendent des services très-réels, lorsqu'ils concilient les querelles des tribus; ils se recommandent par les bonnes leçons qu'ils donnent, quoique peut-être ils n'y croient pas toujours eux-mêmes; et, enfin, ce sont eux qui conservent le peu de lumières qu'il y a dans le pays. Ce sont là des titres réels; mais, d'un autre côté, il est plus que probable qu'ils sont eux-mêmes le plus grand obstacle à un meilleur ordre de choses; et il est certain que ni leur religion, ni eux, ne comportent un haut degré de civilisation, quoique d'ailleurs cette religion convienne parfaitement bien aux Arabes, pour qui elle fut d'abord inventée.

Outre le clergé régulier, il y a un grand nombre de gens qui sont respectés du peuple à cause de leur sainteté, ou même à cause de celle de leurs ancêtres. Dans cette dernière catégorie, les plus fameux sont les Séides, ou descendants de Mahomet. Dans la première figurent les derviches, fakirs, etc. Une espèce particulière est celle des Calenders, qui vont presque tout nus; d'autres errent de ville en ville, et visitent tous les lieux de pèlerinage. Ceux-ci vivent dans l'abstinence et le jeûne, au milieu des villes: ceux-là se retirent au désert, pour y mener une vie pleine d'austérités. Ces ascétiques

ont toujours été fort estimés des Afghans; et presque tous les contes populaires du pays sont remplis par les légendes des saints mâles et femelles qu'il a produits. Les lieux où reposent les cendres de ces saints personnages sont regardés comme sacrés, et même quelques-uns des plus célèbres jouissent du droit d'asile. Une preuve du respect qui s'attache à ces lieux saints, c'est, par exemple, que quand les Yousoufzis, la plus turbulente et la moins scrupuleuse des tribus, entrent en campagne, on remet les femmes dans ces sanctuaires, persuadé qu'en cas de malheur elles y seront respectées.

On trouve encore, dans le pays, beaucoup de saints de cette espèce; et l'ignorance de leurs compatriotes leur attribue le don de prophétie, et le pouvoir de faire des miracles. Les gens des hautes classes, auxquels on serait tenté de croire plus de lumières, ont foi dans leurs prédictions, et très-souvent les chefs du gouvernement les consultent sur les affaires les plus importantes.

Quelques-uns de ces gens doivent être et sont certainement des imposteurs; « mais les trois personnages « éminents que je vis à Pécharer, dit un « voyageur anglais, désavouaient toute « prétention à un pouvoir surnaturel. « On les traitait avec le plus grand « respect, et le roi lui-même ne s'asseyait jamais devant eux, avant d'en « avoir reçu l'invitation formelle. Ils « paraissaient ne solliciter aucunement « ces honneurs extraordinaires; ils parlaient librement de la conduite du « gouvernement, et blâmaient ses défauts ainsi que ceux de la nation « avec la plus grande liberté. Le seul « moyen qu'ils semblaient employer « pour conserver leur haute réputation, c'était une grande austérité. « Les gens de cette sorte sont rarement très-instruits, et les trois « grands saints que j'ai vus étaient « parfaitement exempts de grimace et « d'affectation; ils ne se distinguaient « des autres que par le charme et la « douceur de leurs manières. »

La croyance dans ces saints n'est pas la seule superstition des Afghans; nous allons en citer quelques autres exemples.

Tous les Afghans croient à la chimie et à la magie. Les Indiens passent, à leurs yeux, pour de grands maîtres dans ces arts mystérieux. Quelques imans, malgré la prohibition du Coran, dépensent leur temps et leur argent à la recherche de la pierre philosophale.

« Un Afghan natif de Péchaver, « âgé d'environ soixante ans, dit « Montstuart Elphinstone, et qui était « à mon service, s'éprit d'une belle « passion pour une fille de Pounah. « Il y a quelque temps, plusieurs de ses « compatriotes le surprirent, enfermé « avec un Indien, occupé à composer « des charmes qui devaient lui con- « quérir l'affection de sa maîtresse. »

Près de Candahar, on voit une caverne qu'on appelle la caverne de Djemshid, et au fond de laquelle il est, dit-on, impossible de pénétrer : il paraît qu'on y est arrêté par un torrent souter-rain. Les Afghans racontent qu'après s'y être avancé jusqu'à une certaine distance, on entend le sifflement des vents et le bruit des eaux : celui qui ne se laisse pas effrayer, et veut pousser plus loin l'aventure, voit bientôt se dresser devant lui une roue armée de sabres, et qui tourne avec tant de force et de rapidité, qu'elle menace d'anéantir le téméraire assez osé pour en approcher. Quelques esprits aven-tureux ont, dit-on, triomphé de ces obstacles, et ont été récompensés de leur audace en arrivant dans un jardin enchanteur, caché dans les entrailles de la terre. Les Afghans vous décri-vent la verdure de cette délicieuse région, ses arbres, ses bois, ses bos-quets, ses ruisseaux transparents, ses fleurs aux mille couleurs brillantes, et surpassant tout ce que l'imagination humaine peut rêver de plus ravissant. Ses fruits exquis, ses brises parfumées, les concerts perpétuels qu'on y entend, réalisent les peintures les plus sédui-santes que les musulmans aient faites de leur paradis.

Les Afghans croient encore que les nombreuses solitudes des déserts et des montagnes de leur pays sont habités chacune par un génie qu'ils appellent le *Gouli Biabân* (la Goule, ou l'es-prit du désert.) Ils le représentent comme un spectre effrayant, aux pro-portions gigantesques, qui dévore les malheureux voyageurs amenés par le hasard dans son repaire. Ce génie cause les illusions qui trompent le voyageur, en lui faisant croire qu'il voit devant lui de grands lacs au milieu du désert; et alors malheur à l'infortuné qui se laisse séduire par cette ruse ! conduit par le génie jusque dans des lieux inconnus aux mortels, il est bientôt terrassé et mis en pièces.

Tous les Afghans ont un grand res-pect pour les cimetières, qu'ils appel-lent souvent les *villes du silence*, et que leurs imaginations peuplent des spectres des morts. Chaque spectre se tient à la tête de son tombeau, invi-sible aux yeux des mortels, et s'y ras-sasie des parfums des fleurs, et de l'en-cens que ses parents viennent brûler sur sa tombe. Ils croient encore à un très-grand nombre de génies et aux revenants. Une tradition rapporte que, dans une bataille entre les Shiites et les Sunnites, on vit les esprits des quatre premiers califes apparaître sur une montagne près de Caboul, en-veloppés chacun dans un nuage de feu.

Les Afghans attribuent aux songes une vertu prophétique; et, avec leur manière très-large de les interpréter, il est en effet assez difficile qu'ils ne puissent pas les appliquer à tous les événemens.

Ils sont persuadés qu'on peut arri-ver à connaître l'avenir au moyen de calculs astrologiques et de sorti-léges cabalistiques. Ils tirent des pré-sages de mille manières, et surtout de leurs chapelets. Ils prennent un de ses grains au hasard, en songeant au projet qu'ils méditent; puis, en comp-tant depuis ce grain jusqu'au premier, ils tirent des augures favorables ou contraires à leurs désirs, selon qu'ils obtiennent un nombre pair ou impair. Cependant, si adonnés qu'ils soient à la divination, ils ne croient pas indispensable de faire des appels de cette sorte à la Providence, et ils se font un grand mérite de leur *Touakkal Beh khouda*, ou confiance en Dieu. Avant d'entreprendre un voyage, ils récitent ordinairement une courte prière qui commence par ces mots : « Je place ma confiance en Dieu tout-puissant. » Pour encourager un homme irrésolu, ils lui disent souvent : « Mettez votre confiance en Dieu, et essayez. »

Le plus recherché des moyens qu'ils emploient pour connaître l'avenir, ressemble fort à nos *sortes Virgilianæ*. On ouvre un livre au hasard, et on essaye d'appliquer la première phrase qu'on rencontre au projet dont on s'occupe. Le Coran est le livre par excellence pour ces sortes d'expériences, qui ne doivent se faire qu'après le jeûne et de longues prières ; on emploie cependant aussi d'autres livres au même usage, et surtout les poëmes de Hâfiz :

Enfin les Afghans croient aux talismans, à la possibilité de dominer les génies et les démons, et à mille autres superstitions qui leur sont communes avec tous les autres Asiatiques.

### § 7. Agriculture.

Il y a, dans l'Afghanistan, cinq classes de cultivateurs :

1° Les propriétaires, qui font valoir eux-mêmes leurs terres ;

2° Les fermiers, qui font valoir les terres des autres, et payent au propriétaire une somme fixe en argent, ou une quantité déterminée de produits ;

3° Les *Bazgars*, qui partagent avec le propriétaire, comme les métayers du midi de la France ;

4° Les ouvriers sans propriété, qui travaillent sur les terres des autres moyennant un salaire ;

5° Enfin les débris de la population conquise, les esclaves qui vivent sur les terres de leurs seigneurs, et n'en reçoivent aucun salaire.

Les propriétés sont, comme on le pense bien, très-variables en étendue ; mais, à tout prendre, la terre est peut-être divisée dans l'Afghanistan d'une manière plus égale que dans beaucoup d'autres pays. On y voit un grand nombre de petits propriétaires qui font valoir leurs terres eux-mêmes, assistés des gens de leur famille, et quelquefois d'ouvriers à gages. La nature du gouvernement des tribus fait comprendre comment et pourquoi la terre est divisée presque également. Cette distribution semble en effet avoir été dans l'origine fondée sur le principe de l'égalité, et ne s'être modifiée que par le développement naturel des faits. L'inconduite ou le malheur ont forcé et forcent encore des gens à vendre leurs terres ; d'autres les quittent par amour du changement, ou sont obligés de les quitter, à la suite de querelles. Plus que toute autre cause, enfin l'égalité du partage entre les enfants, ordonnée par la loi mahométane, rend bientôt les lots trop petits pour que chaque propriétaire y puisse vivre ; et beaucoup sont dans la nécessité d'abandonner leur part à leurs frères, ou de la vendre. On trouve des acheteurs parmi ceux que la guerre, l'agriculture, le commerce ou même les fonctions publiques ont enrichis.

Le prix d'achat de la terre, dans le Caboul, est, selon M. Strachey, de neuf à douze fois la valeur de son produit annuel.

Le nombre des fermiers, dans l'acception ordinaire du mot, n'est pas considérable. La durée ordinaire d'un bail est d'un ou de deux ans, jamais de plus de cinq. Le taux de la rente payée au propriétaire est très-variable : dans l'aride pays des Stourianis il est du dixième du produit brut ; dans la plaine de Badjour il est du tiers à la moitié du produit ; et, dans le voisinage de la ville de Caboul, des deux tiers.

Les fermiers appartenant à la seconde des catégories que nous avons établies, payent une rente au propriétaire pour l'usage de sa terre, et ils ne lui doivent, comme ils n'ont à lui demander, rien de plus. Sur les terres cultivées par les Bazgars, c'est ordinairement le propriétaire qui fournit les semences, le bétail, les instruments d'agriculture, le Bazgar n'ayant rien à fournir de plus que son travail. Quelquefois le Bazgar entre cependant dans une partie de ces frais; quelquefois même il fournit tout, excepté les semences. La part du Bazgar dans la récolte est variable depuis le dixième jusqu'à la moitié.

Les journaliers sont aux gages des Bazgars; on les paye à la saison, qui dure neuf mois, depuis l'équinoxe du printemps jusqu'à l'hiver. Ils sont nourris et souvent aussi habillés par ceux qui les emploient; de plus, ils reçoivent à titre de salaire une certaine quantité de grains, qui varie depuis deux Mânds Khâni et demi (à peu près deux cents livres de grain) et une roupie (2 fr. 50 c.) jusqu'à dix Mânds (huit cents livres) et deux roupies (5 fr.); quand on les paye, seulement en argent, on leur donne le plus ordinairement trente roupies (45 fr.), sans compter la nourriture et l'habillement. Dans les villes, le salaire d'un journalier est d'à peu près cent dinars par jour (0,45 cent.) avec la nourriture. A Candahar, où les bras sont chers, on paye trois Shâhis et douze dinars (environ 0,65 cent.) par journée. Pour estimer la valeur réelle de ce salaire, il faut savoir qu'à Caboul cinq livres de farine de froment ne valent pas beaucoup plus d'un Shâhi. A Péchaver les Anglais ont acheté la farine de froment au prix de soixante-seize livres pour une roupie (2 fr. 50 c.).

Il y a deux moissons par an dans la plus grande étendue de l'Afghanistán. Pour l'une on sème en automne et l'on récolte en été; elle se compose de blé, d'orge, de lentilles, de pois, de haricots. Pour l'autre, les semences se font au printemps et la récolte en automne; elle se compose de riz, de millet, d'holcus sorghum, de maïs, etc.

La première s'appelle *Bihâreh*, ou moisson du printemps; c'est à beaucoup près la plus importante pour l'ouest de l'Afghanistan, c'est-à-dire pour les pays situés à l'ouest des monts Soliman. Dans l'est, l'autre récolte, qui s'appelle *Païzeh* (de la chute des feuilles) ou *Jirmaï* (de l'automne), est la plus considérable pour la généralité du pays. Il y a cependant des exceptions. Dans le Badjour, le Pendjcora, les terres d'Othman-khail et du Makelwâd, c'est la première récolte qui est la plus importante. Dans le Pechaver, le Bongesh, le Damân, les deux récoltes sont presque égales. Dans le haut pays, dans les montagnes surtout, il y a des contrées où les habitants n'ont qu'une moisson : ils sèment au printemps pour recueillir en automne.

Les diverses sortes de grains s'emploient dans des proportions très-différentes. Le froment est la base de la nourriture des habitants dans la plus grande partie du pays. L'orge se donne aux chevaux. Le mil sert à faire du pain; à Péchaver, on mange beaucoup de pain de maïs, tandis que dans l'ouest on ne le voit que dans les jardins. Le riz abonde en plusieurs endroits; le meilleur est celui de Péchaver. L'avoine se trouve seulement à l'état sauvage dans l'Afghanistan; on ne l'y cultive pas.

Parmi les plantes potagères, nous citerons la carotte, le navet, la betterave, la laitue, les oignons, l'ail, le fenouil, les épinards, les choux, les choux-fleurs, et toutes les espèces de légumes. Dans quelque partie du pays, on cultive les navets en très-grande quantité, pour la nourriture des bestiaux. Aux environs de Péchaver on cultive la canne à sucre, mais en trop petite quantité pour les besoins du pays; le sucre s'importe de l'Inde.

Il en est de même du coton; et la plus grande partie des cotonnades consommées dans l'ouest s'importent aussi de la péninsule.

La plante qui donne l'huile de palma-Christi est très-commune dans l'Afghanistan, où elle est connue sous le nom de Badandjir. C'est elle qui fournit la plus grande partie de l'huile consommée dans le pays, quoique le sésame, la moutarde et plusieurs autres oléagineuses soient très-abondantes. La garance est très-commune dans l'ouest. C'est une plante des climats tempérés; et celle qu'on emploie dans l'Inde vient surtout de l'Afghanistan. On la sème en été, dans des terres préparées et fumées avec le plus grand soin. Ses feuilles servent à la nourriture du bétail; mais sa racine, qui fournit la teinture, ne se récolte que la troisième année.

L'assa-fœtida est très-commun dans l'ouest, où on le trouve à l'état sauvage : on ne s'en occupe que pour en extraire la sève. C'est un arbuste à longues feuilles, que l'on coupe très-près de la tige; le suc qui coule de la taille est recueilli dans des vases, et se durcit comme l'opium. Il suffit de la simple exposition au soleil pour le purifier. On exporte dans l'Inde de grandes quantités de cette drogue, qui est un assaisonnement favori de la cuisine des Indous et des musulmans.

On récolte du tabac presque partout.

Parmi les plus importantes productions de l'agriculture de l'ouest, figurent la luzerne, et une sorte de trèfle appelé *sheftal*. Le nom persan de la luzerne est *Bishka*, et son nom poushtou *Spasta*; on la sème ordinairement en automne, et elle passe l'hiver sous la neige; dans certains pays on la sème au printemps. Il lui faut trois mois pour arriver à maturité; alors on peut la couper tous les quinze jours pendant trois mois encore, à condition toutefois qu'on aura soin de l'arroser après chaque coupe. La plante dure ordinairement cinq ans, sans qu'on ait besoin de faire de nouvelles semences; quelques auteurs affirment qu'elle dure jusqu'à dix et même quinze ans : elle consomme beaucoup d'engrais. Le sheftal se sème plus ordinairement au printemps qu'en automne. Deux mois après qu'il a levé, on peut le couper avec un ou deux regains pendant l'année. Il ne dure jamais plus de trois ans, et rarement plus d'un. Ces deux plantes se donnent vertes au bétail; mais on en conserve aussi une partie à sécher dans les greniers pour l'hiver. Outre les herbages naturels et ceux que nous venons de nommer, il y a encore dans l'Afghanistan d'autres végétaux qu'on utilise pour la nourriture des animaux.

Les diverses espèces de mil, l'holcussorghum, se cultivent souvent pour leur paille, qui est très-nourrissante, et qui, sèche, se conserve tout l'hiver. Il n'est pas rare de voir couper le blé et l'orge avant qu'ils n'aient épié : on en nourrit les animaux; et les Afghans prétendent que cette opération, loin de nuire à la récolte, lui est favorable. On la répète même plusieurs fois sur l'orge; mais le blé ne peut pas la supporter plus d'une fois. Il est aussi ordinaire de mettre le bétail sur les grains semés en automne, pour lui faire manger les herbes qui poussent avant l'hiver.

Tels sont les principaux produits de l'agriculture des Afghans. Maintenant, nous allons essayer d'exposer leur système d'irrigation, qui est peut-être leur principal moyen de culture.

Le mode le plus général d'irrigation est fourni par les cours d'eau, que l'on détourne quelquefois tout simplement sur les champs, mais qu'on y amène le plus souvent a l'aide de coupures. On les détourne à l'aide de barrages jetés en travers du lit dans les petits cours d'eau, et qui, dans la saison des hautes eaux, les déversent sur les terres, ou dans les canaux d'irrigation. Dans les rivières un peu considérables, on établit des digues qui s'avancent jusqu'à un certain point dans leur lit, et qui, sans arrêter complétement tout le courant, le divisent cependant, et le forcent à se détourner. Ces canaux se subdivisent eux-mêmes en petites coupures, qui amènent les eaux dans toutes les parties des champs, entourés à cet effet de petits murs en terre, pour retenir le liquide.

C'est là le procédé le plus ordinaire d'irrigation; mais il en est un autre qu'on appelle *Caraïz* ou *Cahriz*. Pour le pratiquer, il est nécessaire que le point par lequel on veut faire sortir les eaux sur les champs se trouve au pied d'une hauteur; qu'avant de le déterminer, on s'assure qu'il y a des sources souterraines, et enfin que l'on reconnaisse la direction qu'elles suivent. Après avoir pris ces renseignements et fixé le point qui doit servir à l'écoulement de ces sources, on y creuse un réservoir, et à quelque distance de celui-ci, en remontant la pente de la colline, un puits plus profond. On établit ainsi une série de puits liés entre eux par des conduits souterrains. La profondeur de ces puits augmente naturellement à mesure qu'on se rapproche du sommet de la hauteur; et ils sont faits de telle sorte que le canal souterrain qui les fait communiquer entre eux incline sensiblement du côté de la plaine. On découvre ordinairement un certain nombre de sources pendant la durée des travaux, mais on les comble au fur et à mesure, afin qu'elles n'arrêtent pas les ouvriers; on ne leur laisse la liberté de couler que quand le dernier puits est creusé. Alors l'eau descend par les canaux de communication jusque dans la plaine. Après l'achèvement des travaux les puits deviennent inutiles, excepté pour le nettoiement du canal. La distance entre les puits varie depuis vingt-cinq pieds jusqu'à deux cent cinquante ou trois cents. L'ouverture du canal n'est ordinairement que ce qu'il faut pour permettre à un homme d'y travailler; mais il y en a d'établis sur de beaucoup plus grandes dimensions. On en cite un, près de Sabziwar, dans le Khorassan persan, dans lequel un homme à cheval peut se promener, la lance sur l'épaule. Le nombre des puits, et par conséquent la longueur du cahriz, dépend du nombre des sources qu'on rencontre; car ordinairement on en creuse jusqu'à ce qu'on ait obtenu assez d'eau, ou jusqu'à ce que la profondeur des puits à creuser force de renoncer au travail. Les gens du pays parlent de travaux de ce genre qui auraient jusqu'à douze lieues de long; mais nous ne savons pas qu'aucun voyageur européen, les ait jamais visités, ou du moins en ait fait mention dans ses livres.

On imagine facilement que la dépense de travaux si difficiles doit être considérable; mais les gens riches ne craignent pas d'avancer leur argent dans des entreprises qui peuvent leur créer de grandes et importantes propriétés. Quelquefois aussi des pauvres s'associent pour creuser un cahriz, et se partagent ensuite les terres qu'il arrose.

C'est dans l'ouest de l'Afghanistan que les cahriz sont le plus nombreux; et il paraît qu'ils s'y sont fort multipliés depuis un demi-siècle. Dans l'est ils sont encore fort rares. D'ailleurs c'est le mode d'irrigation le plus général en Perse, comme jadis dans le Turkestan, où ils semblent disparaître assez sensiblement; il est complétement inconnu dans l'Inde.

Ce sont les seuls moyens importans d'irrigation artificielle. Les puits et les étangs sont rares, et ne fournissent que de l'eau à boire. On trouve, dans l'Afghanistan, très-peu de ces grands réservoirs qui sont si communs dans le sud de l'Inde, et où l'on conserve de grandes masses d'eaux, par de grandes digues jetées en travers des vallées. A Ghazna cependant le sultan Mahmoud avait entrepris un travail de ce genre. On en voit aussi quelques autres dans les montagnes du Parapomisus, mais ce sont des exceptions.

Une notable partie du pays est privée, ou n'a pas besoin d'irrigations artificielles. Certaines parties montagneuses, et même quelques-unes des plus riches plaines ne sont arrosées que par les eaux pluviales; d'autres, situées au fond d'un bassin ou sur les bords d'un cours d'eau, conservent toujours assez d'humidité pour les besoins de la végétation.

Avant de donner un labour à la terre, on l'arrose toujours, toutes les fois du moins qu'on peut le faire. Les Afghans emploient une charrue assez lourde, et tracent des sillons assez profonds; mais toutefois leur terre est assez légère pour qu'ils n'aient jamais besoin d'atteler plus d'une paire de bœufs. L'ensemencement se fait à la main. Au lieu de herse, on emploie simplement une planche qu'on promène sur la terre; le charretier se tient sur la planche, et son poids contribue à en augmenter l'effet. Après cette opération, quelques cultivateurs arrosent encore une fois; mais géné-

Candahar.

ralement on laisse le grain lever jusqu'à une hauteur assez considérable, et alors on y met le bétail au vert. Après, cela on arrose encore; et même, dans quelques parties, on fait encore une troisieme irrigation pendant l'hiver; mais presque partout on s'en dispense. La neige qui couvre la terre pendant cette saison, et les pluies qu'elle amène, suffisent à entretenir l'humidité nécessaire à la végétation. Les pluies du printemps sont indispensables au froment; mais elles n'exemptent pas le cultivateur de la nécessité d'arroser. Il y en a qui arrosent trois fois par mois, jusqu'au moment où le blé commence à mûrir. La moisson se fait à la faucille, le seul instrument dont on se serve pour couper les herbages, et toute espèce de grains. On n'emploie pas le fléau pour séparer le grain de la paille; on le fait fouler par des bœufs, ou bien par une espèce de cylindre en bois que les animaux promènent dans un manége sur la paille. On le vanne, comme en Europe; et quand il a subi cette dernière opération, on le serre dans de grands paniers cylindriques, portés sur des pieds de bois et enduits de terre, pour le préserver du contact de l'air et de l'humidité. On le conserve aussi dans de grandes jarres en terre crue, et dans des sacs de poils de chameau; dans les villes on a de grands greniers.

On moud le grain avec des moulins à vent, à eau et à bras. Les moulins à vent ne sont assez communs que dans l'ouest, où il y a au moins quatre mois de l'année pendant lesquels on peut compter sur des vents suffisants. On trouve des ruines d'anciens moulins à vent jusqu'à Caboul et Ghazna, mais aujourd'hui ils paraissent abandonnés dans ce pays. On ne peut rien imaginer de plus différent du moulin à vent européen, que celui des Afghans. D'abord les ailes sont enfermées dans la bâtisse, où elles reçoivent le vent par une ouverture ménagée à dessein. Elles sont carrées ou rectangulaires, placées debout sur un axe vertical. Lorsque la machine est en mouvement chacune de ses ailes passe successivement devant l'ouverture pratiquée pour recevoir le vent, qui agit sur elles comme l'eau sur les aubes d'un moulin à eau. La pierre meulière est au-dessous de ces ailes, et sur le même axe qui les met en action sans le secours d'aucun engrenage.

Les moulins à eau sont à peu près construits sur le même modèle. La roue est horizontale, et les aubes sont disposées obliquement. Elle est à l'intérieur du moulin, et au-dessous de la pierre meulière qui tourne sur le même axe que la roue. Elle n'a pas ordinairement plus de quatre pieds de diamètre. Cette espèce de moulins est employée dans tout l'Afghanistan, la Perse et le Turkestan. On en voit aussi quelques-uns dans le nord de l'Inde; mais, dans le reste de la péninsule, on ne se sert que de moulins à bras.

C'est seulement dans les parties les plus pauvres de l'Afghanistan qu'on laisse la terre en jachère de deux années l'une. L'usage le plus ordinaire est de faire une année la récolte d'automne, et celle du printemps la suivante. Dans les pays où les engrais sont abondants, on fait les deux récoltes chaque année. L'engrais se compose de fumier, de cendres, de vieux débris de construction, et de diverses substances. On n'emploie pas le fumier de chameau, parce que l'expérience a démontré qu'il contient une forte proportion de salpêtre. On ne se sert ni de chaux, ni de marne.

Ce sont les bœufs qui tirent ordinairement la charrue dans l'Afghanistan, quelquefois des ânes; dans le Shorâbâk et le Siouistân, on y attelle des buffles. L'usage des voitures est inconnu.

### § 8. Industrie et commerce.

Dans un pays méditerranéen, privé de rivières navigables, et où les voitures ne peuvent circuler, le commerce ne peut se faire qu'au moyen des bêtes de bât; de ces animaux, les chameaux sont les plus utiles par leur force, par la patience avec laquelle ils supportent la soif, comme aussi par la facilité avec laquelle on les nourrit. Les tribus qui élèvent des troupeaux de chameaux, ou plutôt à qui la nature de leur pays ne permet pas d'élever d'autres animaux, les emploient au commerce, et combinent souvent leurs transports avec les migrations qu'elles entreprennent, en quête de fourrage pour leurs troupeaux, ou d'un climat plus agréable pour elles-mêmes. Lorsque les terres de ces tribus, comme c'est le cas ordinaire, ne fournissent aucun produit qui puisse se vendre dans le commerce, les propriétaires des troupeaux emploient leurs animaux à transporter les produits d'un pays dans un autre. Lorsqu'ils ont un petit capital, ils le consacrent à des spéculations de cette nature, escortant et vendant eux-mêmes leurs marchandises; mais ceux qui ne possèdent rien que quelques chameaux se contentent de les louer aux marchands des tribus et des villes, qui accompagnent eux-mêmes leurs marchandises jusqu'au lieu de destination, ou bien les envoient sous l'escorte de leurs domestiques, selon leurs moyens et les habitudes de leur commerce. Quelques-uns de ces marchands ont aussi des chameaux à eux, qu'ils nourrissent dans les terrains vagues, près des villes qu'ils habitent. On trouve aussi dans les villes des gens qui font métier d'entretenir des chameaux, et de les louer au commerce. Les chameaux loués à une tribu voyagent ordinairement avec la tribu à laquelle ils appartiennent, et ceux qui appartiennent à des marchands s'arrangent le plus souvent pour suivre quelque tribu dans ses migrations; c'est une garantie de sécurité.

Le commerce qui se fait dans des contrées hors des lignes que parcourent les tribus errantes, exécute ses transports sur des chameaux qui appartiennent en propre aux marchands. Ceux-ci ne voyagent jamais qu'en caravanes.

Pour faire mieux comprendre comment les voyages s'exécutent de concert avec les migrations des tribus, nous prendrons pour exemple deux tribus, dont l'une voyage accompagnée seulement de quelques chameaux qui ne lui appartiennent pas, et l'autre, au contraire, compose sa caravane, pour la plus grande partie, d'animaux appartenant à des étrangers.

Ainsi la moitié des Miân-khaïls passent chaque année du Damân à Shilgar, avec leurs femmes et leurs familles. Dans ce voyage, ils sont commandés par quelques-uns de leurs chefs héréditaires, aidés dans l'exercice de leurs fonctions par des chelouashtis. Tout étranger qui vient se joindre à eux est obligé de se soumettre aux coutumes des Miankhaïls.

Au contraire, la caravane annuelle des Baubours se compose surtout de gens qui n'appartiennent pas à la tribu, et les Baubours eux-mêmes n'emmènent ni leurs femmes, ni leurs familles. Un de leurs Mouchirs voyage toujours avec la caravane, et il est investi sur les hommes de sa tribu de l'autorité du khan; mais les étrangers ne lui obéissent que s'ils le veulent bien. Il est ordinaire cependant de le voir élu par la caravane comme *Cafila Báchi* (chef de caravane), titre qui lui donne autorité sur tout le monde. Il maintient la paix, accommode les différends, impose des amendes aux récalcitrants, désigne les gardes et les escortes, choisit les lieux de campement, négocie les droits de passage ou de douane avec les tribus dont on traverse le territoire, perçoit l'argent nécessaire pour les payer, et en est responsable. Mais quand le Mouchir des Baubours n'a pas reçu ses pouvoirs de l'élection, chacun s'arrange à sa guise, et tout est désordre et confusion.

Les routes de Damân au Khorassan, que suivent les tribus, sont les plus difficiles qu'on puisse imaginer. Pour aller de l'Indus à Caboul, la route, sur la plus grande partie de son parcours, traverse des défilés fermés et étroits, des vallées stériles, des montagnes arides. Quelquefois elle suit le lit de torrents, ou passe sur les flancs de montagnes à pic. Dans la

Tombeau du Sultan Baber.

passe de Gomal, c'est le lit même de la rivière qui sert de route; et si, par hasard, il survient un de ces orages qui font en quelques heures monter les eaux de plusieurs pieds, la caravane n'a d'autre ressource que de chercher à escalader une des hauteurs qui dominent cette gorge redoutable, et d'attendre que les eaux soient retombées à leur niveau ordinaire. Ces routes sont infestées par les Shirânis, et encore plus par les Viziris, qui accourent pour piller les caravanes.

En traversant les pays des tribus adonnées au brigandage, les caravanes marchent avec beaucoup d'ordre, précédées d'éclaireurs pour assurer leur marche. Dans les haltes, un certain nombre d'hommes resté toujours à cheval, pour empêcher l'ennemi d'enlever les chameaux qui pâturent. Des gardes nombreuses veillent pendant toute la nuit. Mais dans les pays qu'on regarde comme sûrs, on n'observe que peu de précautions, et tout le monde dort pendant les nuits. Dans les passés étroites, les chefs déterminent l'ordre de la marche, et font quelquefois faire des détours à une partie de la caravane. On fait communément huit ou dix milles par jour. Lorsqu'on est arrivé à destination, les gens qui ont accompagné la caravane se dispersent, et ceux de la tribu envoient leurs chameaux au pâturage, et prennent quelques jours de repos dans leurs camps.

Les caravanes qui font le commerce entre l'Inde et la Perse sont à peu près soumises au même régime. Les chameaux qu'elles emploient n'appartiennent pas aux tribus; ils sont loués dans les villes. Elles marchent sous la conduite d'un Cafila Bâchi, élu par les gens de la caravane; dans celles qui sont composées en majorité d'Afghans, il n'y a souvent pas de Cafila Bâchi.

Elles marchent ordinairement la nuit. Arrivées à leur destination, elles ne campent pas, comme les tribus, mais se logent dans les caravansérais des villes. Ce sont de grands bâtiments carrés entourés d'appartements;

on y trouve quelquefois une mosquée, un bain chaud, et une grande salle commune. Ils sont administrés par des espèces de concierges qui louent les appartements aux voyageurs pour un prix modique. Un marchand de la classe ordinaire loue deux chambres, dans lesquelles il dépose ses marchandises, fait sa cuisine, mange et dort. Il y vend sa pacotille lui-même, en gros ou en détail, sans intermédiaire de courtiers. Les caravanes qui vont au Turkestan n'emploient guère que des chevaux ou des mulets, à cause, sans doute, des montagnes neigeuses de l'Indou-Kouch qu'il faut traverser. Celles qui vont au Turkestan chinois partent de Péchaver. Caboul est le grand entrepôt du Turkestan indépendant, comme Candahar et Hérat pour la Perse. Le commerce de l'Afghanistan avec l'Inde est plus divisé. Celui du Pendjab et du nord de l'Indoustan vient à Péchaver. Celui qui traverse le désert indien vient à Shikarpour; celui qui se fait par mer aborde à Koratchi, et de ce point à Shirarpour et à Candahar.

Le principal commerce du royaume de Caboul se fait avec l'Inde, la Perse et le Turkestan. Il se fait un peu de commerce avec le Cafiristan, le Thibet même, et par les ports du Sind avec l'Arabie.

Les exportations dans l'Inde se composent de chevaux, de mules, de fourrures, de châles, de garance, d'*assa-fœtida*, de tabac, d'amandes, de pistaches, de noix, et de fruits. Les fruits, prunes, abricots, raisins et *kismiches* (espèce de raisin sans pépins), sont ordinairement secs; mais on en exporte aussi beaucoup de frais. On le cueille avant qu'il ne soit arrivé à maturité complète, et on l'emballe soigneusement avec du coton dans des boîtes de bois. C'est ainsi qu'on exporte des pommes, des poires et des raisins. Les grenades n'ont pas besoin d'être emballées, et les autres fruits ne pourraient pas supporter le voyage.

Les importations de l'Inde se composent de cotonnades grossières (étoffe dont s'habille la plus grande partie de la population de l'Afghanistan et du Turkestan), de mousselines, de quelques soieries et brocards, d'indigo, d'ivoire, de bambous, de cire, d'étain, de bois de sandal, et enfin de sucre. On importe aussi quelques étoffes grossières de laine; mais cet article vient surtout de Bokhara. Une proportion considérable des importations indiennes, ce sont les épices, qui, venant de Bombay et autres ports de la côte du Malabar, se débarquent à Koratchi et autres ports du Sind, pour être de là transportées par terre à Candahar et à Caboul. Presque toutes les épices consommées dans le pays viennent par cette route, qui sert aussi à l'exportation d'un grand nombre de chevaux.

L'exportation pour le Turkestan indépendant se compose surtout d'articles qui viennent de l'Inde : de cotonnades, de châles, de turbans, de mousselines, d'indigo, etc. On importe, en retour, des chevaux, de l'or et de l'argent, des tillahs ou monnaie d'or de Bokhara, des ducats de Hollande, des sequins de Venise, des yambous ou lingots d'argent de la Chine. De Bokhara on importe des cochenilles, des étoffes de laine, de la bijouterie commune, des vases de fonte, de la coutellerie, de la quincaillerie, qui vient de Russie par Orenbourg à travers le désert, ou par Astrakan et la mer Caspienne. Des aiguilles, des miroirs, des cuirs de Russie, des lunettes, et quelques autres produits de l'industrie européenne, suivent la même route. L'*Ourmak*, étoffe fine de poil de chameau, du coton et des peaux d'agneau, viennent de Bokhara même.

En Perse on exporte des châles, de l'indigo, des tapis, des cotonnades, des brocards indiens, des mousselines. On importe en retour des soies du Ghilân et de Resht, des soieries de Yezd et de Kashân, des mouchoirs de soie pour les femmes. On fait une grande consommation de ces divers articles. Les satins brodés, les velours et les brocards de la Perse ne peuvent, à cause de leur prix, convenir qu'aux gens riches. Il faut encore compter les espèces et les lingots parmi les articles d'importation; mais les plus curieux de tous, ce sont peut-être les mousselines de l'Inde, fabriquées à Masulipatan, sur la côte de Coromandel, transportées par mer à Bouchir dans le golfe Persique, et de là sur le marché de Candahar, où il s'en débite beaucoup.

Les exportations pour le Turkestan chinois sont à peu près les mêmes que pour Bokhara. Les importations se composent de certaines étoffes de laine, de soieries chinoises, de satin, de thé, qui voyage dans des boîtes de plomb, de porcelaines, de soie brute, de cochenilles, de cristal, de poudre d'or, de lingots d'or et d'argent.

Le commerce avec le Cafiristan est de peu d'importance : on y porte du vin, du vinaigre, du fromage, du beurre clarifié, qui s'échangent à la frontière contre des étoffes, du sel, de l'étain, de la quincaillerie. On en tire encore quelques esclaves, comme il en vient aussi de l'Arabie et de l'Abyssinie par les ports du Sind.

Le commerce intérieur de l'Afghanistan est considérable. Des provinces de l'ouest, on porte à celles de l'est des étoffes de laine, des fourrures, de la garance, du fromage, des tapis d'Hérat et tous les articles de luxe pour la toilette et la maison des grands personnages. De l'est on reçoit des *loungis*, de la soie, des cotonnades du Moultan, des étoffes de soie et coton de Bahoualpour, de l'indigo, du coton en laine. Le fer vient de l'Indou-Kouch et des monts Soliman. Le sel se tire des montagnes qui portent le nom de ce minéral; l'alun et le soufre, de Calla-Bâgh; les chevaux, de Balk; les dattes, du Beloutchistân.

Avant de finir, nous dirons encore un mot du commerce des chevaux, qui, par son importance politique et commerciale, mérite une mention particulière. Tous les ans on vend, dans le nord et l'ouest de l'Inde, un grand nombre de chevaux, sous la désignation de chevaux de Caboul et de Candahar : la presque totalité de ces chevaux vient du Turkestan. A Caboul, il n'y a que les gens riches qui élèvent des chevaux, par conséquent en très-petit nombre et seulement pour leur usage personnel. De même les chevaux élevés dans la campagne de Candahar ne se vendent pas. Quelques-uns des beaux chevaux que produit la province d'Hérat sont exportés à l'étranger ; mais de ceux-là il n'en vient presque pas dans l'Inde. Du Béloutchistan il s'importe une grande quantité de chevaux ; mais c'est surtout de Balk et du Turkestan, des bords de l'Oxus que viennent la plus grande partie des animaux qui se vendent dans l'Inde. Il y en a deux espèces principales : l'une petite de taille, mais très-forte et d'un très-bon service ; l'autre beaucoup plus grande et plus estimée à cause de cela, quoiqu'elle soit moins robuste, et ne rendant de bons services qu'à la guerre, où, grâce au mode de combat des Asiatiques, la taille est une question importante. La première espèce s'appelle *Tourki* ou *Uzbeki*, on l'élève à Balk et dans le voisinage de Bokhara ; la seconde vient des pays situés sur le cours inférieur de l'Oxus : ce sont les Turcomans qui l'élèvent, aussi ses produits portent-ils le nom de *Turcomans*. Balk et Bokhara sont les deux principaux marchés pour ce commerce.

Les chevaux s'y vendent de cent à cinq cents francs les Tourkis, et de cinq cents à deux mille cinq cents francs les Turcomans. Les maquignons les achètent à bas prix et dans un assez piteux état pour les engraisser dans les prairies de Caboul ; il ne faut pas plus de quarante jours pour remettre en excellente apparence de santé le cheval le plus maigre, et cela à très-peu de frais : huit ou dix francs peut-être ! On nourrit d'abord l'animal de trèfle et ensuite de luzerne.

On envoie un grand nombre de ces chevaux dans l'Inde ; mais, dans ces dernières années, la vente a beaucoup diminué. Partout où s'étend la domination anglaise, les grandes armées de cavalerie asiatique font place à des corps d'infanterie disciplinée ; et, de

plus, on a fait venir un assez grand nombre de chevaux d'Arabie. Enfin, les armées des princes indigènes se réduisent chaque année, et les haras de la compagnie, s'ils n'ont pas complétement réussi, lui fournissent cependant un nombre déjà considérable d'élèves.

---

## CHAPITRE III.

### HISTOIRE.

§ I. Depuis les temps les plus reculés jusqu'à la fondation de la monarchie Dourânie.

L'origine du nom d'Afghan, qui s'applique maintenant à toute la nation, est complétement inconnue ; mais, selon toute probabilité, ce nom est moderne. Les Afghans eux-mêmes ne le connaissent que par l'intermédiaire des Persans. Le nom qu'ils se donnent eux-mêmes est Poushtoun, au pluriel Poushtâneh. Les Berdourânis, ou Afghans de l'est, le prononcent Poukhtâneh, d'où vient peut-être le nom de Pâtan, sous lequel ils sont le plus ordinairement connus dans l'Inde.

Les Arabes appellent les Afghans Solimâni, soit parce que les Afghans habitent les monts Soliman, soit à cause de l'origine juive que les traditions du pays donnent au peuple qui l'habite. En effet, les Afghans prétendent descendre d'Afghan, fils d'Irmia, ou Berkia, fils de Saül, roi d'Israël ; et toutes les histoires écrites par leurs auteurs commencent par raconter l'histoire des Juifs depuis Abraham jusqu'à la captivité. Les traditions sur lesquelles ils s'appuient pour la relation de ces grands événements s'accordent complétement avec celles des musulmans, relativement à l'histoire des Juifs ; et, quoiqu'on y trouve quelques fables, en somme cependant elles ne diffèrent pas beaucoup de l'Écriture. Après la captivité, les auteurs afghans prétendent que les enfants d'Afghan, divisés en deux parties, allèrent s'établir, les uns dans les montagnes de Ghore, les autres dans le voisinage de la Mecque en Arabie. A tout prendre, cette hypothèse n'est pas absolument dépourvue de vraisemblance. On sait, en effet, que dix des douze tribus restèrent dans l'est, après le retour de leurs frères en Judée ; et, l'hypothèse qui prétend que les Afghans sont leurs descendants peut expliquer assez aisément et la disparition des uns et l'origine des autres. Le reste de la tradition se confirme par ce fait, que les Juifs étaient très-nombreux en Arabie au temps de Mahomet. La tradition est donc à la rigueur plausible ; mais cependant on doit reconnaître qu'elle ne repose que sur des bases très-vagues, et que surtout elle laisse bien des objections sans réponse.

Les Afghans n'ont pas de nom général pour leur pays ; ils lui donnent souvent le nom persan d'Afghanistan. On se sert aussi quelquefois du mot Sirhid ; mais cette désignation ne comprend pas les plaines situées à l'est des monts Soliman, et, en réalité, n'est pas autre chose que le mot par lequel les Persans désignent un pays froid. Le nom le plus ordinairement appliqué par les habitants à leur pays est celui de Khorassan ; mais cette désignation est très-peu exacte : d'abord, parce que tout le pays habité par les Afghans n'est pas compris dans les limites rigoureuses du Khorassan, et ensuite, parce qu'une portion considérable du Khorassan lui-même est habitée par une population qui n'a rien de commun avec les Afghans.

On connaît très-peu de chose de l'histoire ancienne des Afghans.

Toutes les traditions s'accordent à dire que, dès les temps les plus anciens, ils habitaient les montagnes de Ghore, et que de là ils s'établirent de très-bonne heure dans la chaîne des monts Soliman, désignation dont le sens est fort étendu et s'applique en réalité à toutes les montagnes du sud de l'Afghanistan. Selon Férishta ils s'établirent, vers le neuvième siècle, dans les montagnes situées au nord-est de leur pays. A cette époque, la plus grande partie de la nation était, selon le même auteur, soumise aux souverains arabes de la dynastie Samâni. Il est probable que les Afghans contribuaient pour une large part, et peut-être pour la plus grande part, à recruter les armées de Mahmoud et des autres rois Ghaznévides ; mais, cependant, ceux qui habitaient les montagnes de Ghore avaient alors conservé leur indépendance et étaient gouvernés par un prince de leur race, qui prétendait descendre, par une longue suite de générations, de Zohâk, l'un des premiers rois de la Perse. Cette généalogie, bien qu'affirmée par Mirkhondi et confirmée par Fiérishta, est au moins douteuse ; mais cependant il est certain que les princes de Ghore appartenaient à la tribu afghane de Soûrî et que leur dynastie était, dès le onzième siècle, considérée déjà comme remontant à une très-haute antiquité. Leurs principales villes étaient Ghore, Firouz-Coh et peut-être aussi Bamiân.

On ne sait pas exactement quelle était la religion des Afghans de Ghore. Les uns disent qu'ils furent convertis de très-bonne heure à la religion de Mahomet, peu de temps même après la mort du prophète ; d'autres prétendent qu'ils restèrent idolâtres jusqu'au dixième siècle. Les idoles et les cavernes de Bamiân sembleraient faire croire que les habitants de ces contrées ont été jadis sectateurs de Bouddha.

Sous le règne de Mahmoud le Ghaznévide, ils étaient gouvernés par un prince nommé Mohammed, qui fut vaincu et pris par ce conquérant. Ses descendants eurent beaucoup à souffrir des princes de Ghazna ; mais, enfin, vers le milieu du douzième siècle, ils prirent les armes, battirent à leur tour et détrônèrent le roi de Ghazna, et brûlèrent complétement cette magnifique capitale. Ensuite ils étendirent leur empire et soumirent successivement à leurs lois le royaume actuel de Caboul, l'Inde, le pays de Balk, le Badakchân et une grande partie du Khorassan.

Depuis lors jusqu'à l'invasion de Bâber, c'est-à-dire pendant une période de presque trois siècles, diverses dynasties afghanes régnèrent sur l'Inde ; mais les autres pays de la

Minarets élevés par le Sultan Mahmud.

domination de la maison de Ghore
furent, de bonne heure, conquis
par les rois du Khouarisme et enlevés
à ceux-ci par Djenghiz Khan. Aujour-
d'hui la tribu de Sourî est réduite à
quelques familles, qui vivent dans le
Damân.

Sous le gouvernement des descendants de Djenghiz et de Tamerlan, il
semble probable que les Afghans des
montagnes conservèrent leur indépendance. Il paraît, du moins, qu'au temps
de Bâber il en était ainsi. Celui-ci, descendant de Timour et chef de la
dynastie des Mogols dans l'Inde, commença sa carrière par la conquête du
Caboul, et, jusqu'à la fin de son règne,
fit sa capitale de la ville de ce nom. A sa
mort, le Caboul resta à l'un de ses fils,
tandis que l'autre fut expulsé de l'Inde
par Shîr Shah, qui fonda une autre
dynastie afghane ; mais elle ne fut pas
de longue durée. A la fin, la maison de
Timour s'établit solidement dans l'Inde, la capitale deson empire fut trans-
férée de Caboul à Delhi, et les plaines
de l'Afghanistan furent partagées entre l'Indoustan et la Perse, mais les
montagnards restèrent également indépendants de l'un et de l'autre empire.

Au commencement du dix-huitième
siècle, la tribu afghane des Ghildjis
fonda un État, qui comprenait toute
la Perse, et s'étendait à l'ouest jusqu'aux frontières actuelles des empires
turc et persan. Cependant, elle ne
régnait que sur une partie de l'Afghanistan. Nadir Shah renversa cette dynastie et rattacha une partie de l'Afghanistan à son empire de Perse. A
sa mort, Ahmed Shah Abdâli fonda
la dynastie des Dourânis, qui, dans le
plus brillant moment de sa puissance,
s'étendait depuis la mer Caspienne
jusqu'à la Djemna et depuis l'Oxus
jusqu'à l'océan Indien.

Nous ne nous étendrons pas da-
vantage sur cette partie de l'histoire
ancienne des Afghans ; d'abord, parce
qu'elle est très-peu connue et encore
moins intéressante, et ensuite, parce
que dans ses événements les plus importants elle se trouve mêlée à l'histoire
des pays voisins et a déjà été traitée
ou le sera nécessairement dans les
autres volumes de cette collection.

§ II. Depuis la fondation de la monarchie
dourânie jusqu'à nos jours.

On connaît très-peu de chose de
l'histoire ancienne des Dourânis. Ce
qui semble le plus probable c'est qu'é-
tablis dans les montagnes situées à
l'ouest d'Hérat, ils restèrent, sous le
nom d'Abdâlis, complétement indépendants et en état de guerre presque
perpétuelle avec leurs voisins les
Ghildjis jusqu'au commencement du
XVIIᵉ siècle, où les souverains de la
Perse les forcèrent à payer un tribut.
Mais, dans les premières années du
siècle suivant, les Ghildjis ayant
renversé la dynastie persane des Sofîs,
les Abdâlis, au milieu du désordre qui
suivit cet événement, rentrèrent en
possession de leur complète indépendance, et même engagés par l'exemple de leurs voisins, entreprirent de
faire quelques conquêtes pour leur
compte. Lorsqu'en 1728 Nadir Shah,
ayant à son tour renversé l'empire
des Ghildjis, parut sur les frontières
du Khorassan et força les Abdâlis à
reconnaître sa suprématie, ils étaient
maîtres d'Hérat et d'une grande étendue de pays environnant. Révoltés
sous la conduite de Zoulfakar Khan
(frère aîné d'Ahmed), ils battirent
un frère de Nadir Shah, envahirent
le territoire persan et ils faisaient le
siége de Meched à l'extrémité N. E.
du Khorassan, lorsque Nadir Shah vint
les forcer à rentrer dans leur pays.
Pour affaiblir la tribu et se conserver en même temps des otages ga-
rants de sa fidélité, Nadir exila les
principaux de Saddozys et força un
certain nombre d'Abdâlis à prendre du
service dans son armée.

Depuis lors les Abdâlis ne se ré-
voltèrent plus et restèrent attachés à
Nadir et même, après sa mort, à sa
famille. Pour récompenser les brillants
services que le contingent abdâli, sous
la conduite de Zoulfakar et d'Ahmed,
lui avait rendus dans la guerre
contre les Géorgiens, Nadir tira les
Abdâlis de leurs montagnes et les

établit aux dépens des Ghildjis sur les terres qu'ils occupent aujourd'hui à l'ouest de Candahar. Pendant toute la durée de son règne, il leur témoigna toujours une faveur si marquée, que certains auteurs la regardent comme la cause de son assassinat par les Persans à Meched, en juin 1747. Le lendemain de la mort de ce conquérant, les Afghans unis aux Usbecks livrèrent aux Persans une sanglante bataille, qui resta indécise, mais à la suite de laquelle Ahmed, avec ses cavaliers abdâlis, traversa à marches forcées tout le Khorassan et arriva à Candahar juste à temps pour y mettre la main sur un convoi portant tous les tributs de l'Inde qu'on envoyait à Nadir.

En octobre 1747, Ahmed encore fort jeune (car on croit qu'il n'avait pas alors plus de vingt-trois ans), se fit couronner à Candahar; il voulait fonder sur les débris de l'immense empire de Nadir Shah une royauté; il entreprenait de constituer une monarchie à laquelle il donnait pour base les tribus démocratiques et jusque-là désunies de l'Afghanistan.

Ahmed Shah dans les formes intérieures de sa royauté prit pour modèle la cour de Perse. L'étiquette, les grandes charges de la couronne, la constitution et l'administration de l'armée, étaient exactement les mêmes qu'à la cour de Nadir Shah; mais, quant au gouvernement lui-même, quant à la politique intérieure, ils durent différer.

Le premier soin d'Ahmed Shah fut de chercher autour de lui un point d'appui immédiat et permanent, qui fût assez fort pour lui permettre d'écraser en détail chacun de ceux qui voudraient lutter contre lui. Cet appui, il le demanda naturellement à sa tribu, qu'il essaya de s'attacher par tous les moyens imaginables. D'abord il confirma les Dourânis dans la possession de leurs terres et ne leur imposa d'autre obligation que celle de lui fournir un contingent permanent de cavalerie. Il distribua les grands offices de la couronne aux chefs dourânis et les rendit héréditaires dans leurs familles, comme il voulait que la couronne le fût dans la sienne. Aux principaux chefs, il laissa tous leurs priviléges héréditaires et n'intervint que très-rarement dans les querelles intestines des Oulousses; encore ne fut-ce jamais que pour garantir la tranquillité du pays, qu'il maintint en effet avec vigueur pendant tout son règne.

Lorsque après vingt-cinq ans de règne Ahmed Shah mourut en 1773, il avait fait six campagnes dans l'Inde, trois dans le Khorassan, deux dans le Béloutchistan; il avait vaincu les Mahrates dans trois batailles, dont la dernière, celle de Panipat, arrêta pour quelques années la marche ascendante de ces barbares guerriers; il avait conquis le Cachemir, le Pendjab, le Moultan, le Sind; il avait forcé les princes du Béloutchistan, de Hérat, de Khouloum, du Kondouz et de la plus grande partie du Khorassan à lui payer tribut; en fait, son empire s'étendait du nord au sud depuis l'ouest jusqu'à la mer, et de l'est à l'ouest depuis le Khorassan et le Béloutchistan jusqu'à la Tartarie chinoise et les cimes infranchissables de l'Himalaya.

Le caractère de son successeur était malheureusement très-différent du sien, et c'est plus qu'à toute autre cause peut-être, à la politique de Timour Shah qu'il faut attribuer la décadence de l'empire dourâni.

Timour Shah, fils d'Ahmed Shah, était né à Meched au mois de décembre 1746. Élevé à la cour de son père, il l'avait accompagné dans la plupart de ses expéditions militaires, et il était âgé de vingt-sept ans quand il fut appelé au trône. Toute sa politique n'eut d'autre but que d'assurer sa tranquillité; il semble qu'il ne songea jamais à s'agrandir; et, toutes les fois qu'il prit les armes, ce fut seulement pour défendre ses possessions. Sachant qu'il s'était formé parmi les Dourânis un parti considérable contre lui, il les prit en défiance. D'abord il transféra sa capitale de Candahar située au milieu du pays des

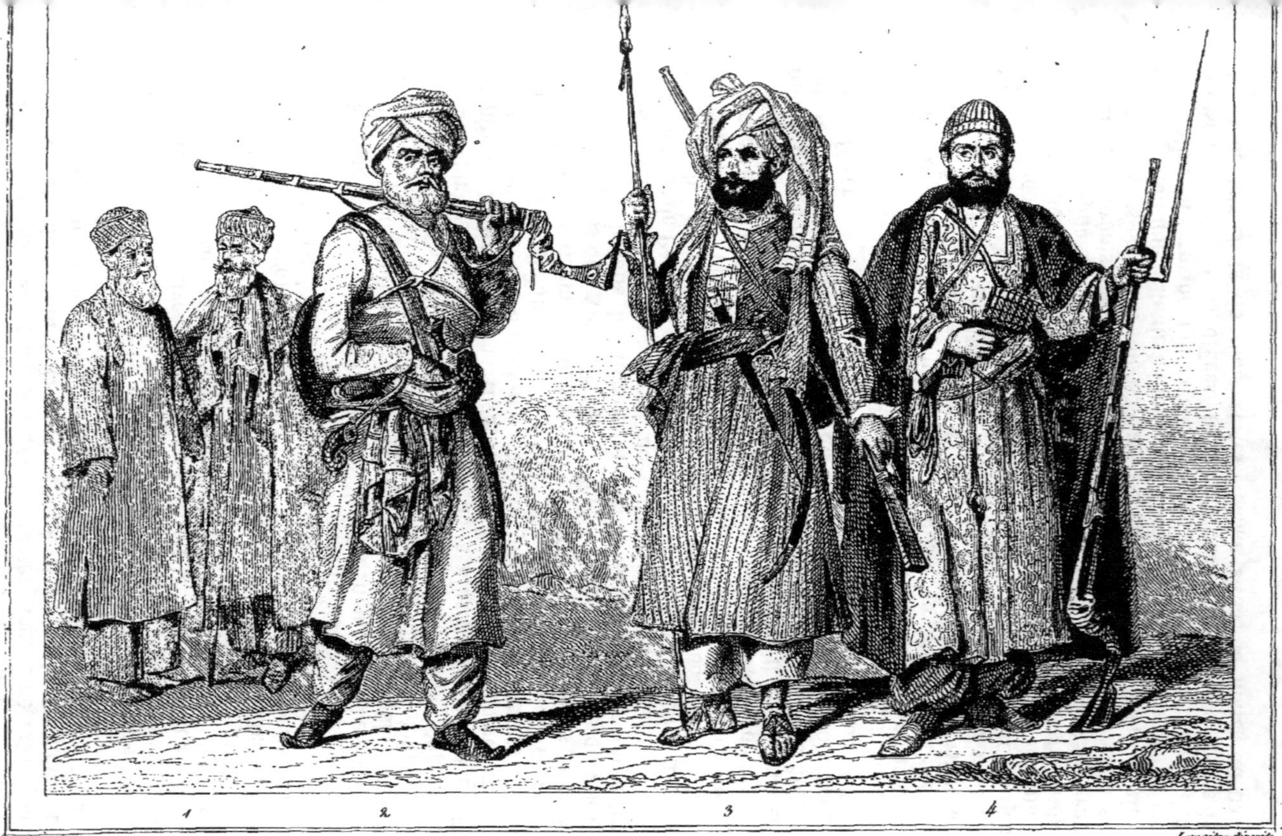

1. Pasteurs Doüranis. 2. Afghan de Damàn. 3. Ioussoufzis. 4. Cultivateur Doürani en armes.

Dourânis, à Caboul, habité par les Tadjiks, les plus soumis de ses sujets. Ensuite le choix de ses ministres confirma cette disposition de sa part. Ses principaux conseillers, pendant toute la durée de son règne, furent Câdi-Fyzoullah, mollah de la tribu obscure de Doulet Shahir, et Loutfetli Khan, natif du Khorassan. En général, il laissa les grandes dignités de l'État aux familles dourânies auxquelles Ahmed Shah les avait données ; mais en créant de nouvelles dignités et modifiant les prérogatives des autres, il finit par faire tomber tout le pouvoir aux mains de ses serviteurs.

Ses finances étaient en bon ordre, il était fort économe, et s'affranchissait par là de la nécessité de faire comme son père de grandes expéditions pour fournir aux besoins de son trésor; loin de là, il avait toujours une réserve toute prête pour faire face aux circonstances imprévues; mais ces qualités, qui eussent été si utiles à un prince européen, étaient loin d'être une force dans sa position, bien au contraire.

Les seules troupes qu'il entretenait en permanence, c'étaient ses gardes, les Golâmi Shahs, assez nombreux pour assurer la tranquillité du pays, composés surtout de Persans et de Tadjiks, sans rapports avec les chefs afghans, et par conséquent tout dévoués au prince. Ces troupes étaient bien payées, recevaient de fréquentes faveurs, jouissaient de priviléges qui devaient tendre à les séparer du peuple.

Cette politique réussit assez bien en tant qu'il s'agissait de conserver la paix publique. Les provinces restèrent le plus souvent tranquilles, et s'il y eut sous son règne quelques conspirations et deux insurrections de prétendants au trône, elles furent toutes déjouées par la vigilance du roi et la fidélité de ses troupes ; mais aussi les provinces éloignées tendirent à secouer l'influence immédiate du gouvernement, celui-ci perdit sa réputation et sa puissance à l'extérieur, et les princes ou les tribus qu'Ahmed Shah avait forcés

par la crainte à reconnaître son autorité, commencèrent à rêver aux moyens de s'agrandir aux dépens des Dourânis.

La décadence, qui commença à se manifester sous le règne de Timour, ne cessa de faire des progrès sous ses faibles successeurs.

Lorsqu'il mourut, au mois de mai 1793, Timour Shah n'avait encore perdu de l'empire de son père que quelques districts au nord du Paropamisus, ou sur les bord de l'Indus, encore le prince de Bokhara et les émirs du Sind, qui avaient fait ces conquêtes à ses dépens, s'étaient-ils reconnus ses vassaux. Rien n'avait été réglé par Timour relativement à sa succession, et les nombreux princes, ses fils, s'apprêtèrent à se disputer le pouvoir. Celui qui réussit, ce fut Shah Zemân, grâce à l'adresse de sa mère, épouse favorite de Timour, qui parvint à rattacher à ses intérêts Sarafraz Khan, chef des Barakzys, et par lui tous les chefs dourânis. Les princes de la famille royale, présents à Caboul, firent bien une tentative pour élever l'un d'eux, Abbas, au trône ; mais on se saisit de leurs personnes par un stratagème ; on les emprisonna dans le Bala Hissar de Caboul, et Shah Zemân fut proclamé. Son règne ne devait être qu'une suite de combats. Ceux des princes qui n'avaient pas d'abord été arrêtés à Caboul, devaient lui disputer la couronne, s'unir à ses ennemis extérieurs contre lui, et finir par le renverser. Au commencement cependant il sembla que la fortune lui resterait fidèle. L'un de ses frères, Humayoun, auquel il avait généreusement pardonné une première révolte, fut pris à la seconde, privé de la vue, et passa le reste de ses jours en prison. Un autre, Mahmoud, gouverneur de Hérat, après plusieurs tentatives de révolte, fut obligé de fuir en Perse. A l'extérieur Shah Zemân ne fut d'abord pas moins heureux. Le prince de Bokhara fut obligé de reconnaître le traité fait avec Timour Shah; au midi, les émirs du Sind lui payèrent l'arriéré de leur tribut, et les chefs sikhs du Pendjab, parmi lesquels était Randjit Singh, le futur souverain de Lahore, furent contraints de prêter solennellement hommage à Zemân Shah.

Cependant une conspiration, étouffée d'abord dans le sang des conjurés, eut pour dernier résultat la ruine de Shah Zemân et de la famille Saddozye. Sarafraz Khan, chef des Barakzys, Mohammed Azim Khan, chef des Alekkozys, l'émir Arslân Khan, chef de la puissante tribu persane de Djehânghir, complotaient la mort du vizir Ouaffadar Khan. Celui-ci, instruit à temps, fait arrêter les conjurés dans leurs maisons. L'officier chargé de se saisir de la personne de Sarafraz Khan, est reçu dans son palais par Fatteh Khan, fils du chef barakzy. Sans trahir aucune inquiétude, Fatteh Khan, alors bien jeune cependant, annonce qu'il va aller chercher son père. Il vient en effet lui dire qu'un officier du vizir demande à lui parler dans de mauvaises intentions sans doute, et, avec cette résolution dont il donna depuis des preuves si éclatantes, il propose d'assassiner l'émissaire de son ennemi et de quitter Candahar en toute hâte. Sarafraz Khan rejette ce hardi conseil et suit l'officier au palais du roi ; le lendemain il était décapité avec ses principaux complices.

Shah Zemân et son ministre ne jouirent pas longtemps de la sécurité qu'ils avaient espérée de ces exécutions sanglantes. Quelques mois après, le shah de Perse, Fath Ali Shah, ravivant les prétentions que la Perse a toujours entretenues sur Hérat, envahit le Khorassan avec son armée, amenant à sa suite un prétendant au trône de Caboul, Mahmoud, qui était venu lui demander appui et protection. Shah Zemân fit d'abord bonne contenance ; il se porta rapidement avec son armée à Hérat, et cette simple démonstration suffit pour décider la retraite des Persans. Mahmoud ainsi abandonné prit un parti désespéré, cédant aux conseils audacieux de Fatteh Khan, qui l'était venu rejoindre ; il traverse le désert et vient à la tête de cinquante cavaliers seulement se jeter au milieu des Dourânis qu'il appelle aux armes. Cette tentative hardie lui réussit, il se trouve bientôt à la tête de forces assez considérables pour venir offrir la bataille au gouverneur de la province de Candahar, qui, battu dans plusieurs rencontres, est réduit à s'enfermer dans les murs de sa capitale. Mahmoud mit le siége devant la ville ; mais, quoique chaque moment lui eût amené de nouveaux partisans, il y avait déjà quarante-deux jours qu'il assiégeait Candahar, lorsque l'audace de Fatteh Khan vint enfin décider les affaires. Une nuit, il s'introduit presque seul dans la place et va se confier à l'honneur d'Abdoulla, l'un des chefs de la garnison. Nous avons dit ailleurs quelle devait être dans les idées d'honneur des Afghans l'importance d'une pareille démarche. Abdoulla se déclare pour Mahmoud ; le gouverneur est obligé de fuir, et Candahar ouvre ses portes aux rebelles.

Tandis que ces événements se passaient dans l'ouest, Shah Zémân était, à l'autre extrémité de son empire, occupé des préparatifs d'une expédition dans l'Inde. La retraite des Persans lui avait donné toute sécurité sur ses frontières du Nord et il avait cru pouvoir ne pas prendre souci des nouvelles tentatives de Mahmoud. La prise de Candahar vint enfin l'éclairer sur sa situation ; mais il était trop tard. Cet événement avait déjà décidé la plupart des personnages importants du royaume à se déclarer pour Mahmoud, par haine pour Ouaffadar. Lorsque Shah Zemân quitta les bords de l'Indus pour venir dans l'ouest combattre les révoltés, il fut abandonné de presque toute son armée. Arrivé dans le pays des Khyberis il y fut fait prisonnier par un chef des Chainouaris, dans le château duquel il était venu passer la nuit. Livré à Mahmoud, celui-ci lui fit crever les yeux et enfermer dans le Bala-Hissar de Caboul. Il y resta pendant tout le règne de Mahmoud et ne fut remis en liberté qu'à l'avénement de Shah Shoudja. Lors des malheurs de ce prince, Shah Zemân s’enfuit avec lui dans l’Inde et il y vécut d’une pension que le gouvernement anglais lui accorda. Il est mort, à Loudiana, l’année dernière, respecté de tous pour sa générosité et la grandeur d’âme avec laquelle il supportait sa mauvaise fortune.

L’avénement de Mahmoud fut d’abord salué par les espérances de la population, mais elle devait être bientôt détrompée. Ce prince sans moralité, indolent et timide, se perdit dans les plaisirs, laissant tout le soin des affaires à ses ministres, Akram Khan Alyzy et Fatteh Khan.

Mahmoud n’était cependant pas encore maître de tout l’Afghanistan. Loin de là : son frère Firouz, à qui il avait donné le gouvernement d’Hérat, agissait en prince indépendant ; les provinces où il ne s’était pas encore montré ne donnaient aucun signe d’obéissance ; et dans l’est, Shah Shoudja, alors âgé de vingt ans, frère de père et de mère de Shah Zemân, s’était fait proclamer roi et avait une armée assez nombreuse autour de lui. Cette armée fut d’abord battue, grâce à Fatteh Khan dont la valeur personnelle décida la victoire|; mais à peine Mahmoud était-il débarrassé de cet ennemi que la puissante tribu des Ghildjis se révolta contre son autorité. Vaincus dans une première campagne, les Ghildjis reprirent les armes au printemps de 1802, et pendant qu’ils menaçaient Caboul, Shah Shoudja reparaissait sur le champ de bataille, à la tête des Khyberis. D’un autre côté, le prince de Balk se déclarait en état de révolte ouverte. Toutefois, ces trois tentatives échouèrent à la fois, les trois armées furent défaites en trois batailles, qui furent, dit-on, livrées le même jour toutes les trois.

Après ces succès, qui furent contrebalancés par la perte du Khorassan, que les Persans conquirent définitivement pendant l’été de 1802, les ministres de Mahmoud songèrent à donner un peu de tranquillité au pays, en faisant reconnaître l’autorité de leur maître dans les provinces. Mais, tandis que Fatteh Khan était en campagne,

Akram Khan mourut à Caboul. Aussitôt une révolte éclata dans la capitale, et tandis que Malamoud, pour gagner du temps, négociait avec les insurgés, ils appellent Shah Shoudhja, qui met en déroute l’armée de Fatteh Khan :

Vainqueur Shah Shoudja se contenta de tenir Mahmoud prisonnier dans le Bala-Hissar sans lui faire crever les yeux. En même temps, il envoya son neveu Kaïser Khan prendre le gouvernement de Candahar, qui se rendit sans difficulté, et il reçut la soumission de Fatteh Khan ; mais il eut le tort de ne point savoir attacher ce dangereux personnage à sa fortune. Il demandait la survivance des charges occupées jadis par son père, Shah Soudja la lui refusa et eut bientôt occasion de s’en repentir. Poussé par lui, le prince Camrân, fils du prisonnier Mahmoud et gouverneur d’Hérat, entre en campagne avec Fatteh Khan et s’empare de Candahar. Toutefois ce succès n’aurait pas eu de conséquences fâcheuses pour Shah Shoudja, car il battit à son tour les rebelles et rentra vainqueur dans Candahar, s’il ne se fût alors brouillé avec son vizir, qui proclama le prince Kaïser et s’empara de Péchaver. De Candahar Shah Shoudja se porta aussitôt sur cette ville avec ses troupes et battit l’armée du vizir, qui fut mis à mort, tandis que le prince Kaïser, fait prisonnier, reçut un généreux pardon. Forcé d’évacuer Caboul devant l’armée victorieuse du roi, Mir Ouaïz, l’ami du vizir battu, ne le fit pas sans mettre en liberté tous les princes captifs dans le Bala-Hissar.

Mahmoud et son ancien ministre Fatteh Khan n’eurent rien de plus pressé que de se rejoindre et d’appeler leurs partisans aux armes. Battus une première fois, ils obtiennent à une seconde rencontre, une victoire définitive dans la plaine de Nimla. C’était au mois de juin 1809 : Shah Shoudja vaincu se réfugia dans l’Inde anglaise, à Loudiana, où il vécut avec son frère Shah Zemân jusqu’en 1839, d’une pension que le gouvernement anglais lui accorda.

Fatteh Khan fut élevé, en récompense de ses services, au poste éminent de vizir, et bientôt, à l'exception du Cachemir, tout ce qui restait encore de l'empire afghan se soumit à l'autorité de Mahmoud. Comme il l'avait déjà fait dans son premier règne, il laissa entièrement les rênes du gouvernement dans les mains de son ministre. La conduite de celui-ci et le goût immodéré du prince pour les plaisirs ne permettaient pas d'espérer une bonne administration et encore moins la tranquillité. Des factions s'élevèrent à la cour; elles avaient pour chef le prince Camrân, jaloux de l'ascendant du vizir sur son père. Pendant quelques années cependant l'influence de Fatteh Khan sembla inébranlable et de plus justifiée par les succès qu'il obtint. S'il perdit l'importante forteresse d'Attock sur l'Indus qui lui fut enlevée par le Maharadja Randjit Singh, dont la puissance était alors en voie ascendante, de l'autre côté il soumit l'importante vallée de Cachemir, dont les riches revenus étaient si utiles à la cour nécessiteuse de Caboul, et il força les Persans à lever le siége qu'ils étaient venus mettre devant Hérat.

Ainsi jusqu'en 1818 le règne de Mahmoud avait été plus heureux peut-être que ses plus sincères amis n'avaient osé d'abord l'espérer. A la vérité, il n'était que spectateur muet des événements; il devait tout à son ministre, qui, de son côté, profitait de sa position pour donner toutes les positions importantes de l'État aux gens de sa nombreuse famille. Il avait dix-huit frères. Il conservait tous les dehors de l'obéissance et du respect pour le souverain; mais il n'était pas parvenu à désarmer la jalousie de Camrân. Celui-ci réussit à persuader à son père qu'il fallait se débarrasser de cet homme, dont la puissance devenait inquiétante; et en effet, avec l'assentiment du roi, il s'empara à Hérat de la personne de Fatteh Khan, auquel il fit crever les yeux, puis il l'envoya à Caboul. Aveugle et enchaîné, l'ex-vizir fut amené en présence de Mahmoud, qui le fit mettre à mort.

Aussitôt que la nouvelle de ce forfait se répandit, les frères de Fatteh Khan levèrent l'étendard de la révolte, et le lâche Mahmoud s'enfuit immédiament à Hérat sans même essayer de se défendre. Dès lors il resta dans cette ville, où ses ennemis, occupés de leurs divisions intérieures, ne songèrent pas à le poursuivre. Il y mourut en 1829, laissant son petit empire à son fils Camrân, qui y règne encore aujourd'hui.

L'aîné des survivants de la famille de Fatteh Khan était Mohammed Azim Khan, gouverneur du Cachemir. Dès qu'il apprit la mort de son frère, il se mit aussitôt en campagne; mais, arrivé à Caboul il trouva Mahmoud en fuite. En quittant le Cachemir Azim Khan avait laissé sans défense cette belle province, qui tomba dans les mains des Sikhs; car le Maharadja était un homme trop guerrier et trop peu scrupuleux à la fois pour ne pas profiter de l'état de faiblesse où toutes ces guerres civiles avaient réduit l'Afghanistan. En quelques campagnes le Moultan, le Leia, le territoire de Dera Ghazi-Khan furent ajoutés à son royaume. En 1822, la bataille de Nouchéro, où la victoire fut décidée par la valeur personnelle de Randjit Singh, lui livra la province de Péchaver, qui depuis lors lui a toujours payé tribut jusqu'au moment (1839) où il s'en empara définitivement.

La défaite de Nouchéro fit mourir Azim Khan de chagrin. A ses derniers moments, il appela ses femmes, leur ôta leurs bijoux et les donna avec tout ce qu'il possédait à Habib Oullah Khan, son fils aîné. Ce trésor se montait à environ trois crores de roupies ou soixante-quinze millions de francs, et il aurait peut-être pu servir à réparer les désastres du pays, si les chefs dourânis se fussent entendus. Mais la mort d'Azim Khan donna le signal de dissensions horribles dans sa famille. Après d'affreuses scènes de cruauté, Habib Oullah Khan, son fils, fut privé de sa fortune et de sa puissance. Chir Dil Khan, l'un de ses oncles, emporta environ douze millions de francs et se déclara chef/ indépendant de Candahar. Un autre' Mohammed Khan devint à Pechaver le vassal des Sikhs, et Caboul, après avoir obéi à plusieurs maîtres, finit par tomber entre les mains de Dost Mohammed, également frère d'Azim Khan.

Ainsi s'évanouit l'empire fondé par Ahmed Shah. Depuis lors jusqu'en 1838 nous voyons les divers princes afghans, qui se sont partagé ses débris, vivre obcurs, dans 1 urs petites principautés, plongés dans les plus ignobles plaisirs, comme Camrân à Hérat; divisés par de misérables intrigues, comme ceux qui étaient venus s'établir à Candahar; ou bien humiliés et payant un tribut à l'étranger, comme Mohammed Khan à Pechaver. Il n'y a d'exception à faire que pour Dost Mohammed, à qui sa bravoure, ses talents, sa popularité chez les siens, et son désir sincère d'établir un gouvernement quelque peu régulier, auraient peut-être permis de s'agrandir et de faire de Caboul qui lui était échu en partage, le centre d'une puissance réelle, si malheureusement l'influence envahissante de la politique européenne ne fût pas venue l'attaquer au milieu de ses montagnes.

Tandis que, depuis le commencement du siècle, la puissance anglaise s'étendait dans l'Inde, de son côté la Russie s'agrandissait au sud et à l'est aux dépens de la Perse, qui semble aujourd'hui ne plus exister que par la bonne volonté du cabinet de Saint-Pétersbourg. Ce mouvement simultané des deux puissances, en les portant l'une vers l'autre, en les rapprochant, a fini par faire rencontrer sur le même terrain le rayonnement de leur influence réciproque. Il était dans la nature des choses que cette rencontre eût un caractère hostile, aussi ne doit-on pas s'étonner d'avoir vu le gouvernement russe chercher à inquiéter l'Angleterre du côté de ses possessions des Indes, comme il l'a fait avec un remarquable succès.

On sait les prétentions que la Perse a toujours eues sur Hérat. La Russie poussa le Shah à venir faire le siége de cette ville, et si l'on jette les yeux sur la carte, si l'on y remarque la position d'Hérat entre le grand désert Salé de la Perse à l'ouest et les cimes infranchissables de l'Hymalaya à l'est, on aperçoit à première vue que cette ville est véritablement la clef de la route qui conduit du nord et de l'ouest sur les bords de l'Indus. Prendre Hérat pour le compte de la Perse, c'était en réalité le prendre pour le compte de la Russie; c'était ouvrir à l'armée russe le chemin de la péninsule indienne.

Ce n'était pas tout encore. Tandis que le Shah poussait le siége d'Hérat de tous ses moyens, une nuée d'agents russes se répandaient sur l'Asie centrale et essayaient, chose singulière! d'y former sous la prépondérance de la Perse une vaste confédération offensive et défensive contre un ennemi commun qui ne pouvait être que l'Angleterre. Quelques-uns de ces agents pénétrèrent jusque dans le Sind et le Pendjab, il en vint dans l'Afghanistan, à la cour de Dost Mohammed, qui semble les avoir accuellis d'abord assez froidement et n'avoir ensuite prêté l'oreille à leurs propositions que quand il lui fut démontré qu'il ne pouvait s'entendre avec le gouvernement anglais.

Le gouverneur général de l'Inde, lord Auckland, et le cabinet de Londres en Europe, ne restèrent pas longtemps dans l'ignorance de ces menées de la Russie, et ils ripostèrent aussitôt avec cette énergie qui caractérise la politique anglaise. Des officiers anglais, conduits par le major Eldred Pottinger, se jetèrent dans Hérat pour le défendre et de plus pour s'assurer la fidélité du prince Camrân : un subside assez considérable et payable de mois en mois lui fut accordé.

Après dix mois d'efforts infructueux, le siége d'Hérat fut levé par les Persans.

Mais ce succès négatif ne pouvait suffire à la politique anglaise. Pour rendre désormais inutiles les tentatives qui pourraient être faites sur l'Asie centrale, on entreprit de substituer à la confédération qu'on es-

sayait de former sous l'influence no-
minale de la Perse, une autre confédération placée sous le patronage de
l'Angleterre et dans son intérêt ex-
clusif. Le colonel A. Burnes, qui venait de s'illustrer par son voyage à
Bokhara et qui devait à ce voyage l'a-
vantage de connaître personnellement
la plupart des princes qu'il s'agissait
de concilier à l'intérêt anglais, fut
chargé de préparer cette alliance.

Malgré les talents incontestables du
négociateur, cette mission ne réussit
pas auprès de Dost Mohammed. Quel
que fût en réalité son bon vouloir pour
les Anglais, il y eut une question sur laquelle il ne voulut jamais céder. Il
refusa toujours de valider par un traité
l'acquisition de toutes les conquêtes
faites par Randjit Singh aux dépens
de l'empire afghan. Peut-être eût-il
faibli sur le Moultan, sur le territoire
de Déra Ghazi Khan; mais il ne voulut
pas céder sur le Cachemir et principalement sur la province de Péchaver.
Le refus de Dost Mohammed renver-
sait tous les plans qu'on avait formés.
Il fallait trouver un autre moyen d'arriver au but, c'est-à-dire le sacrifier
lui ou le roi de Lahore. Lord Auckland
se décida naturellement pour le dernier.
Tout d'un coup il se prit d'une belle
passion pour la légitimité de Shah
Shoudja, dont les droits s'étendaient
à tous les pays que l'on voulait unir
contre la Perse ou plutôt contre la
Russie. Shah Shoudja se crut trop
heureux de signer tout ce qu'on voulut.

Un traité fut donc conclu entre la
Grande-Bretagne, le Maharadja Rand-
jid Singh et Shah Shoudja, qui assu-
rait à l'Angleterre plus encore qu'elle
n'avait jamais espéré obtenir de ses
négociations avec les princes de la
famille Barakzy; mais, pour que ce
traité fût autre chose qu'une lettre
morte, il fallait prendre les armes.
Le 1er octobre 1838, lord Auckland fit
publier par l'organe officiel du gouvernement la pièce suivante.

« Le très-honorable, le gouverneur géné-
« ral de l'Inde, ayant, avec l'assentiment du
« conseil suprême, ordonné la réunion d'une
« armée anglaise pour agir au delà de l'In-
« dus, sa seigneurie croit convenable de pu-

blier l'exposition suivante des raisons qui
« ont motivé cette mesure.

« C'est un fait de notoriété publique que
« les traités signés par le gouvernement avec
« les émirs du Sind, le Nabab de Bahaoual-
« pore et le Maharadja Randjit Singh, avaient
« pour objet d'ouvrir la navigation de l'In-
« dus, de faciliter l'extension du commerce et
« d'acquérir à la nation anglaise, dans l'Asie
« centrale, cette juste part d'influence qu'elle
« retirerait d'un commerce également avan-
« tageux à tout le monde.

« Dans le but d'obtenir du gouvernement
« de fait de l'Afghanistan la coopération né-
« cessaire pour donner à ces traités leur plein
« et entier effet, le capitaine Burnes fut en-
« voyé, vers la fin de 1836, en mission auprès
« de Dost Mohammed Khan, chef du Caboul.
« Le premier objet de la mission de cet offi-
« cier était de nature purement commerciale.
« Mais, tandis que le capitaine Burnes pour-
« suivait sa route sur le Caboul, le gouver-
« neur général fut informé que les troupes
« de Dost Mohammed Khan venaient tout à
« coup et sans provocation aucune d'attaquer
« celles de notre ancien allié le Maharadja
« Randjit Singh. Il était naturel de penser
« que S. A. le Maharadja ne tarderait pas à
« tirer vengeance de cette agression, et il
« était à craindre que les flammes de la guerre
« une fois allumées dans ces mêmes régions,
« où nous tentions alors d'étendre notre
« commerce, les pacifiques et bienfaisantes
« intentions du gouvernement anglais ne
« pussent atteindre leur objet. Afin de dé-
« tourner un résultat si calamiteux, le gou-
« verneur général crut devoir autoriser le
« capitaine Burnes à faire savoir à Dost Mo-
« hammed Khan que, s'il voulait entendre à
« des conditions justes et raisonnables avec
« S. A. le Maharadja, sa seigneurie emploie-
« rait ses bons offices auprès de S. A. pour
« rétablir la bonne intelligence entre eux. Le
« Maharadja, plein de cette confiance carac-
« téristique qu'il a toujours eue dans la bonne
« foi et l'amitié du peuple anglais, consentit
« tout d'abord à la proposition qui lui fut
« faite par le gouverneur général de sus-
« pendre aussitôt les hostilités.

« Plus tard il vint à la connaissance du
« gouverneur général qu'une armée persane
« faisait le siége d'Hérat; que des intrigues
« se poursuivaient activement dans l'Afgha-
« nistan pour étendre l'influence et l'autorité
« de la Perse jusque sur et même par delà
« les bords de l'Indus, et enfin que la cour
« de Perse n'était pas seulement coupable
« d'insultes envers les officiers de l'ambas-
« sade de S. M. Britannique, mais que même
« elle avait fait preuve de desseins fort con-
« traires aux principes et à l'objet de son
« alliance avec la Grande-Bretagne.

« Après beaucoup de temps dépensé à Ca-
« boul par le capitine Burnes en pure perte
« dans des négociations sans résultat, il de-
« vint évident que Dost Mohammed Khan,
« encouragé par les promesses de la Perse,
« persistait dans son inimitié contre les
« Sikhs et prétendait vis-à-vis d'eux à des
« choses tellement déraisonnables, que le gou-
« verneur général ne pouvait plus, sans man-
« quer à la justice et à l'amitié qu'il devait au

« Maharadja, se porter comme médiateur au-
« près de S. A. De plus, on sut que Dost Mo-
« hammed entretenait, avouait des projets
« d'agrandissement et d'ambition dangereux
« pour la sécurité et la paix des frontières
« de l'Inde, et qu'il menaçait ouvertement,
« pour soutenir ces projets, *d'appeler à son*
« *aide toute puissance étrangère quelle qu'elle*
« *fût, dont il croyait obtenir l'appui.* Enfin',
« il appuya ouvertement les desseins de la
« Perse dans l'Afghanistan, desseins dont il
« connaissait fort bien la nature hostile, en
« ce qui concernait la puissance de l'Angle-
« terre dans l'Inde, et par son inimitié dé-
« clarée contre le gouvernement anglais, il
« contraignit le capitaine Burnes à quitter
« Caboul sans avoir rempli aucun des objets
« de sa mission.

« Il était donc devenu évident que le gou-
« vernement anglais ne pouvait plus inter-
« venir pour rétablir la bonne intelligence
« entre le prince sikh et Dost Mohammed
« Khan ; et la politique hostile de celui-ci
« ne montra que trop clairement qu'aussi
« longtemps que Caboul serait gouverné par
« lui, nous ne pouvions pas espérer que la
« tranquillité serait assurée aux pays voisins,
« ni que les intérêts de l'Inde seraient en par-
« faite sécurité.

« Le gouverneur général croit maintenant
« devoir revenir au siége d'Hérat et à la
« conduite suivie par les Persans. Voici main-
« tenant bien des mois qu'ils font le siége de
« cette ville. Cette attaque, aussi injuste que
« cruelle, a été faite et continuée malgré les
« solennelles et itératives protestations de
« l'envoyé anglais à la cour de Perse et sans
« avoir voulu entendre à aucune des propo-
« sitions justes et honorables qui ont été fai-
« tes. Les assiégés se sont conduits avec une
« bravoure et un courage dignes de la justice
« de leur cause, et le gouverneur général es-
« père que leur héroïsme leur fournira les
« moyens de se maintenir jusqu'au moment
« où les secours qui leur seront dirigés de
« l'Inde leur arriveront. En même temps, les
« autres desseins de la Perse, toujours hosti-
« les au gouvernement britannique, n'ont cessé
« de se manifester plus clairement avec le
« cours des événemens. Le gouverneur général
« vient d'apprendre récemment par une dé-
« pêche officielle de M. Mac Neil, envoyé
« de S. M. B., que S. E. a été contrainte par
« les refus répétés de satisfaire à ses justes
« demandes et par les mauvais procédés em-
« ployés systématiquement à son égard, de
« quitter la cour du Shah et de dénoncer
« publiquement l'interruption de tous rap-
« ports diplomatiques entre les deux gouver-
« nements. La nécessité où la Grande-Breta-
« gne se trouve placée de regarder comme
« un acte d'hostilité ouverte la marche de
« l'armée persane sur l'Afghanistan a été of-
« ficiellement déclarée au Shah par ordre
« exprès du gouvernement de S. M. B.

« Les chefs de Candahar, frères de Dost
« Mohammed Khan de Caboul', ont aussi
« manifesté hautement leur adhésion à la
« politique de la Perse, sachant aussi très-
« bien eux-mêmes que cette politique était
« hostile aux droits et aux intérêts de la na-
« tion anglaise dans l'Inde, et ont aidé ou-

« vertement aux opérations dirigées contre Hé-
« rat.

« Dans l'état critique où la retraite forcée
« de notre envoyé à Caboul laissait les af-
« faires, le gouverneur général a dû prendre
« des mesures immédiates pour arrêter les
« progrès rapides *des intrigues étrangères* et
« l'agression contre notre territoire.

« Son attention s'est naturellement portée
« sur la position et les droits de Shah Shou-
« dja-oul-Moulk, monarque qui sur le trône
« avait cordialement accédé à tous les pro-
« jets d'alliance avec le gouvernement an-
« glais *contre l'ennemi étranger*, et qui, après
« avoir vu sa couronne usurpée par le chef
« actuel du Caboul, avait trouvé un asile
« honorable sur le territoire britannique.

« Il avait d'ailleurs été clairement prouvé
« par les renseignements recueillis par les
« divers officiers qui ont visité l'Afghanis-
« tan, que les chefs barakzys, par leur im-
« popularité et leurs dissensions, ne pour-
« raient jamais devenir des alliés utiles pour
« le gouvernement anglais, ni nous aider à
« défendre le sol national. Cependant, aussi
« longtemps qu'ils se sont abstenus d'actes
« hostiles à nos intérêts et à notre sécurité,
« le gouvernement britannique reconnut et
« respecta leur autorité. S'il change aujour-
« d'hui de politique, il est plus que justifié
« par la conduite de ces chefs et par la né-
« cessité de pourvoir à sa propre sécurité.
« La prospérité de nos possessions asiati-
« ques exige que nous ayons sur notre fron-
« tière occidentale un allié intéressé à la paix
« et à repousser l'attaque étrangère, au lieu
« d'y voir des chefs obéissant en esclaves *à*
« *une puissance ennemie* et ne songeant
« eux-mêmes qu'à des conquêtes.

« Après une sérieuse délibération, le gou-
« verneur général a été convaincu qu'une
« pressante nécessité, aussi bien que des con-
« sidérations de politique et d'équité, nous
« faisaient un devoir d'épouser la cause de
« Shah Shoudja-oul-Moulk, dont *la popula-*
« *rité dans l'Afghanistan a été prouvée à sa*
« *seigneurie par l'irrécusable et unanime*
« *témoignage des meilleures autorités.* S'é-
« tant arrêté à cette détermination, le gouver-
« neur général a pensé « qu'il croit juste et
« convenable, autant à cause de la position
« du Maharadja Randjit Singh que de son
« invariable attachement au gouvernement
« britannique, d'offrir à S. A. de prendre
« part aux opérations qui se préparent. En
« conséquence, M. Mac Naghten a été envoyé,
« en juin dernier, à la cour du Maharadja,
« et le résultat de sa mission a été la conclu-
« sion d'un traité, signé à la fois par le gou-
« vernement britannique, par le Maharad-
« ja, et par Shah Shoudja-oul-Moulk, lequel
« traité garantit à S. A. la conservation de
« toutes ses possessions actuelles et promet
« en retour sa coopération pour la restaura-
« tion du Shah sur le trône de ses ancêtres.
« Les amis ou ennemis de l'une des parties
« contractantes deviennent les amis ou les
« ennemis des deux autres. Divers points,
« qui n'avaient pas encore été réglés entre
« le gouvernement anglais et S. A. le Maha-
« radja, l'ont été à la satisfaction des deux
« parties et ont montré à tous les États voi-

« sins l'identité des intérêts de S. A. et de
« ceux de l'Honorable Compagnie. Une in-
« dépendance garantie sera offerte à des
« conditions raisonnables aux Emirs du
« Sind; et Hérat sera de même maintenu au
« prince qui le gouverne actuellement. Enfin,
« avec les événements qui se préparent, tout
« donne le droit d'espérer que la liberté gé-
« nérale et la sécurité du commerce en reti-
« reront de grands avantages; que sa part
« d'influence légitime sera acquise au gou-
« vernement britannique sur les peuples de
« l'Asie centrale; que la tranquillité sera
« établie sur la plus importante frontière de
« l'Inde et qu'une barrière durable y sera
« élevée contre les intrigues et l'ambition de
« l'étranger.

« S. M. Shah Shoudja-oul-Moulk entrera
« dans l'Afghanistan, entouré de ses troupes,
« et sera soutenu contre *l'intervention étran-*
« *gère* ou la rébellion intérieure par une armée
« anglaise. Le gouverneur général espère
« fermement que le Shah sera promptement
« replacé sur son trône par le dévouement
« de ses sujets; et, lorsque l'indépendance et
« l'intégrité de l'Afghanistan reposeront sur
« des bases solides, l'armée anglaise se reti-
« rera. Le gouverneur général a été conduit
« à prendre ces mesures par le devoir qui
« lui est imposé de pourvoir à la sécurité
« des possessions anglaises; mais il se féli-
« cite de ce qu'en accomplissant ce devoir
« il aura contribué *à rétablir l'union et la*
« *prospérité du peuple afghan.* Pendant tout
« le cours des opérations qui vont suivre,
« l'influence anglaise sera soigneusement
« employée au bénéfice général, *à concilier*
« *les différends, à obtenir l'oubli des in-*
« *jures, à éteindre les dissensions qui, pen-*
« *dant si longtemps, ont arrêté la prospérité*
« *et troublé la paix de l'Afghanistan.* Aux
« chefs même dont la conduite a justement
« offensé l'Angleterre, le gouvernement
« britannique cherchera à assurer un traite-
« ment libéral et honorable, s'ils font leur
« soumission à temps, s'ils cessent toute op-
« position aux efforts qui sont faits dans
« l'intérêt général de leur pays.

« Par ordre du très-honorable, le gouver-
« neur général de l'Inde,

« W. H. MAC NACHTEN,
« Secrétaire du gouvernement de l'Inde près
« le gouverneur général. »

Les parts étaient faites, le Maharadja gardait tout ce qu'il avait pu
arracher des débris de l'empire afghan. Les princes barakzys étaient
expulsés en masse de l'Afghanistan
pour faire place à une créature de l'Angleterre; et le Sind, que Shah Shoudja
abandonnait, tombait dans les mains
de cette puissance.

Une armée de vingt-cinq mille
hommes fut réunie; et, comme son premier objet devait être de faire lever
le siége d'Hérat, on la dirigea par le

Sind, le Cotch Gondava et Candahar
sur cette ville, dont le siége fut levé
avant même que les troupes anglaises
eussent quitté les bords de l'Indus.

Vers la fin d'avril 1839, l'avant-
garde de l'armée anglaise arrivait
sous les murs de Candahar, sans avoir
rencontré d'autres ennemis que des
maraudeurs dans les solitudes qu'elle
venait de traverser. Les portes lui furent ouvertes sans que les princes barakzys, qui occupaient cette ville, semblent avoir seulement songé à faire
acheter leur soumission. Ils s'enfui-
rent sans attendre l'ennemi, et depuis
on n'a plus eu de leurs nouvelles.

L'armée anglaise s'arrêta deux
mois à Candahar. Malgré l'incroyable
quantité de bagages qu'elle traînait
après elle, *toutes ses provisions étaient*
épuisées, lorsqu'elle arriva devant
cette ville. Il fallait les refaire et attendre que la moisson fût sur pied
avant de s'engager dans le haut pays,
où l'on s'attendait de la part de Dost
Mohammed à une résistance assez vive.

Enfin, dans les derniers jours de
juin, une colonne de huit mille com-
battants, qui, au dire de M. Kennedy,
médecin attaché à l'expédition, ne
comptait pas moins de quatre-vingt
mille serviteurs et de trente mille
chameaux, employés à porter ses bagages, se mit en marche pour Ghazna,
devant lequel elle arriva sans coup
férir le 21 juillet. Un fils de Dost Mohammed s'était enfermé dans la place
et voulait la défendre; on allait enfin se
battre. La journée du 22 fut employée
par les Afghans à d'insignifiantes escar-
mouches contre les détachements que
le général anglais envoyait pour reconnaître la place. Elle n'était pas capable de soutenir un siége. Le lendemain 23, avant la pointe du jour, un
sac de poudre faisait sauter une des portes, et une colonne d'assaut, conduite
par le brave colonel Dennie, qui vient
d'être tué sous les murs de Djellalabad,
s'emparait de la ville après un combat
insignifiant.

Ce fut le seul événement militaire
de la campagne. Le 6 août, l'armée
anglaise entrait victorieuse à Caboul;

Olibert del.                                    Lemaitre direxit.

Tombeau du Sultan Mahmud à Gazna.

3. Afghanistan.

Shah Shoudja y était proclamé souverain légitime de l'Afghanistan; et, quelques jours après, Dost Mohammed, abandonné de tous les siens, qui s'étaient vendus pour la plupart, était obligé de venir seul se rendre prisonnier à M. Mac Naghten. On l'envoya dans l'Inde, où, après une visite à Calcutta, on lui assigna une pension de cinq cent mille francs et pour retraite cette même ville de Loudiana, où Shah Shoudja avait passé tant d'années dans l'exil.

L'Angleterre triomphait, en apparence du moins, mais avec une apparence fort éclatante. Le général Keane fut nommé lord du royaume uni de la Grande-Bretagne et d'Irlande et baron de Ghazna, avec une pension de cinquante mille francs, réversible sur sa veuve et ses enfants pendant deux générations. M. Mac Naghten fut nommé baronnet, et le colonel Burnes chevalier du royaume uni. A l'extérieur, l'impression produite par ces succès fut considérable; l'Europe admira l'audace et l'énergie de la politique anglaise; la Perse se hâta de faire sa paix avec l'Angleterre; et la Russie, à laquelle des explications furent demandées, tout en maintenant en termes généraux son droit à *une influence légitime* sur l'Asie centrale, désavoua ses agents et rappela son ambassadeur, le comte Simonitch, qui s'était aventureusement compromis par l'ardeur avec laquelle il avait poussé à l'expédition d'Hérat et par la visite solennelle qu'il avait faite au camp du Shah, devant cette ville. Le plus actif des agents russes, celui dont les conseils avaient déterminé Dost Mohammed à rompre avec le colonel Burnes, Vickievitz, rappelé en Russie, disparut d'une façon assez singulière : on assura qu'il s'était brûlé la cervelle, après avoir eu soin de faire disparaître ses papiers.

Mais ces succès étaient plus apparents que réels. Toutes ces tribus, tous ces chefs, qui s'étaient soumis sans coup férir quand on leur versait à pleines mains les trésors de l'Inde anglaise, commencèrent à remuer et à s'agiter dès qu'on n'eut plus rien à leur donner, ou même dès qu'on menaça de diminuer les magnifiques subsides qu'on leur avait promis. Il était cependant absolument impossible de continuer comme on avait commencé. La première expédition avait coûté des sommes énormes, deux cents millions de francs, disent les calculs les plus modérés; trois cent vingt-cinq millions, ont dit quelques personnes dont l'autorité ne doit pas être rejetée à la légère. Dans l'état le plus prospère, l'Inde n'aurait pu suffire à de pareilles dépenses; c'était un fardeau intolérable, au moment où elle voyait la guerre de Chine porter un coup si funeste à ses revenus.

Deux ans se passèrent en soulèvements partiels comprimés à grande peine, en combats dans lesquels les Anglais n'eurent pas toujours l'avantage, dans ce pays si favorablement disposé par la nature pour y faire la guerre de partisans. Enfin, lorsque les Anglais ne voulurent plus rien donner, une insurrection générale éclata. Les combats commencèrent dans la capitale même, où le gros des troupes anglaises était rassemblé, par l'assassinat du colonel Burnes et de son frère, le 2 novembre 1841. Assiégé dans ses cantonnements, manquant de vivres et de munitions, le général Elphinstone, après soixante-sept jours de combats, conclut avec les insurgés une capitulation, par laquelle il s'engageait au nom de l'Angleterre à évacuer complétement le pays avec toutes ses troupes. On sait que, malgré la capitulation, son armée fut détruite dans sa retraite, ou faite prisonnière par les Afghans, et qu'il n'en échappa qu'un seul homme, le médecin Brydon, pour venir porter la nouvelle de ce désastre au brave général Sale à Djellalabad. Au mois de janvier 1842, il ne restait plus aux Anglais que deux postes dans l'Afghanistan, Candahar et Djellalabad.

Mais tandis que ces événements s'accomplissaient en Asie, une révolution ministérielle avait fait tomber les whigs du pouvoir en Europe. Les torys leur succédaient; les torys qui n'avaient cessé, pendant dix ans d'opposition, de critiquer de la manière la plus vive l'humeur guerroyante de lord Palmerston ; les torys, qui avaient tourné en ridicule ses triomphes dans l'Asie centrale, qui les avaient représentés comme une cause de ruine sans compensation possible, qui avaient déclaré que le meilleur parti à prendre, c'était, malgré la victoire, d'évacuer l'Afghanistan au plus vite et d'abandonner à elles-mêmes ces populations désunies, mais belliqueuses et braves.

En débarquant à Calcutta, la première nouvelle qu'y reçut le nouveau gouverneur général de l'Inde, nommé par les torys, lord Ellenborough, ce fut celle des revers qui venaient de frapper les armes anglaises dans l'Afghanistan. Il n'hésita pas, et décida que le pays serait évacué, non toutefois sans infliger un rude châtiment aux Afghans. Deux divisions, partant l'une de Djellalabad et l'autre de Candahar, reçurent l'ordre d'aller délivrer les prisonniers échappés aux derniers désastres, de se réunir à Caboul en brûlant ou détruisant tout ce qu'elles rencontreraient sur leur passage, et de rentrer ensuite dans l'Inde par le Pendjab. Aujourd'hui ces ordres sont accomplis. Le général Nott, après avoir détruit la ville de Ghazna, qui n'avait cependant offert aucune résistance, s'est réuni à Caboul au général Pollock qui, de son côté, a recouvré tous les prisonniers faits sur l'armée du général Elphinstone. A la date des dernières nouvelles, les deux généraux, après avoir brûlé les villes de Caboul, d'Istalif et de Djellalabad, opéraient tranquillement leur retour dans l'Inde. Dès que ces nouvelles sont parvenues à lord Ellenborough, il a fait paraître la proclamation suivante qui annonce la fin de cette guerre.

Simla, le 1<sup>er</sup> octobre 1842.

« Le gouvernement de l'Inde avait ordonné à son armée de franchir l'Indus « pour expulser de l'Afghanistan un chef qui « passait pour hostile aux intérêts de l'An- « gleterre et pour replacer sur le trône un « souverain qu'on disait ami de ces intérêts « et populaire parmi ses anciens sujets.

« Le chef qui passait pour hostile a été fait « prisonnier et le souverain qu'on disait « être populaire a été replacé sur le trône ; « mais aujourd'hui, après des événements qui « donnent le droit de mettre en question sa « fidélité au gouvernement qui l'avait restauré, il a perdu par la main d'un assassin *un trône qu'il n'avait occupé qu'au milieu des insurrections*. Sa mort a été « précédée et suivie par l'anarchie qui existe « encore dans le pays.

« Des désastres qui n'ont d'égaux que les « fautes et la trahison d'où ils sont sortis « ont été réparés dans une courte campagne, et des victoires répétées, la prise « des villes et citadelles de Ghazna et Caboul, « ont relevé l'honneur des armes anglaises.

« L'armée anglaise, aujourd'hui maîtresse « de l'Afghanistan, peut donc se replier sur « le Satledje.

« Le gouverneur général laissera aux Afghans le soin de créer eux-mêmes un gouvernement *au milieu de l'anarchie qui est la conséquence* de leurs crimes.

« *Imposer un souverain par la force à un peuple serait une entreprise aussi contraire à la politique qu'aux principes* du « gouvernement britannique, et qui aurait « pour résultat de mettre les armes et les « ressources de l'Inde au service du premier « aventurier, et de lui imposer le fardeau de « soutenir un souverain sans être assuré de « tirer aucun bénéfice de son alliance.

« Le gouverneur général reconnaîtra volontiers tout gouvernement accepté par « les Afghans eux-mêmes et qui paraîtra « désireux aussi bien que capable de vivre « en état de paix avec les États ses voisins.

« Satisfait des limites que la nature elle-même semble avoir imposées à son empire, « le gouvernement de l'Inde consacrera tous « ses efforts à l'établissement et au maintien « de la paix générale, à la protection des « souverains et chefs ses alliés, à la prospérité et au bonheur de ses fidèles sujets.

« Les fleuves du Pendjab et l'Indus avec les « montagnes et les tribus barbares de l'Afghanistan seront placés entre l'armée « anglaise et tout ennemi qui viendrait de « l'ouest, si toutefois il peut s'en présenter, « et ils ne seront plus placés comme une barrière entre l'armée et ses magasins.

« Les énormes dépenses nécessitées par l'entretien d'un corps d'armée considérable et « placé dans une fausse position militaire « loin de la frontière et de ses approvisionnements, n'arrêteront plus désormais l'exécution des mesures avantageuses au pays.

« L'armée combinée de l'Angleterre et de « l'Inde, supérieure par son organisation, sa « discipline et son courage, ainsi que par le « mérite de ses officiers, à toutes celles qu'on « peut lui opposer en Asie, se retranchera, « inattaquable dans sa force, sur son territoire, et avec l'aide de la Providence conservera en sécurité et en honneur le glorieux « empire qu'elle a conquis.

« Le gouverneur général ne peut pas craindre qu'on se méprenne sur ses motifs, lorsqu'il expose avec tant de sincérité « aux États voisins la politique pacifique et « conservatrice de son gouvernement.

Akbar-Khan, fils favori de Dost-Mohammed.

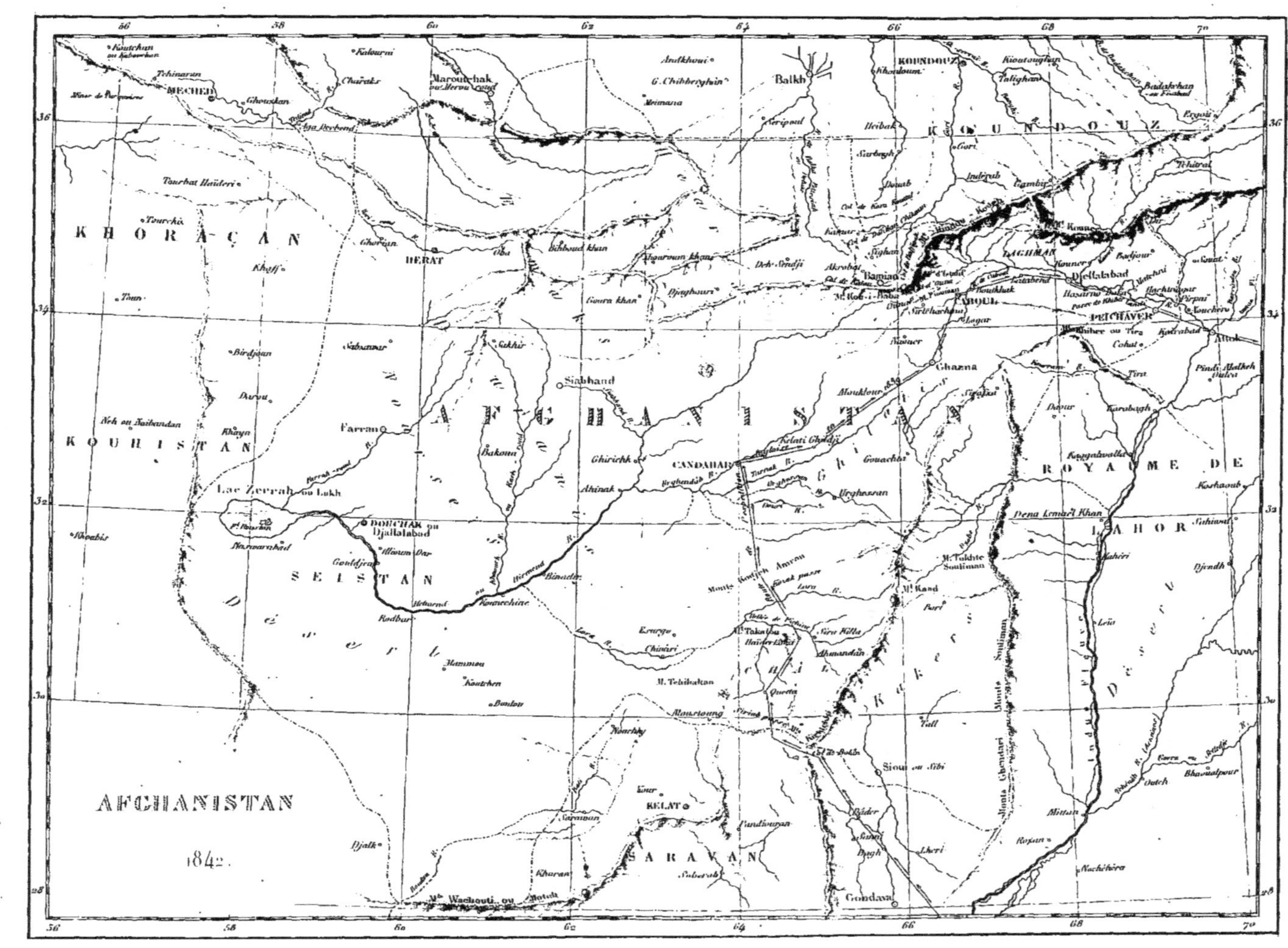

AFCHANISTAN
1842
KHORAÇAN
KOUHISTAN
SEISTAN
KOUNDOUZ
ROYAUME DE LAHOR
SARAVAN
HERAT
MECHED
Balkh
PEICHAVER
Dj. Jallalabad
CANDAHAR
Ghazna
KELAT
Lac Zerrah ou Lakh
Gondava
Siou ou Sibi
Andkhoui
Maimana
Seripoul
Heibak
Talighan
Kioutoughan
Badakhan
Siabhand
Farrah
Ghirichk
Kelati Ghildji
Quetta
Indus Fleuve
Monts Ghendari
Monts Souliman
Mt. Takhte Souliman
Mt. Kand

« L'Afghanistan et la Chine ont vu tous les « deux ce qu'il peut faire des forces dont « il dispose.

« Sincèrement ami de la paix, en vue de la « prospérité du peuple, le gouverneur gé- « néral est résolu à maintenir l'état de paix « et emploierait au besoin toute la puissance « du gouvernement anglais à comprimer la « puissance qui pourrait songer à le troubler.

« Par ordre du très honorable, le gou- « verneur général de l'Inde,

« C. H. MADDOCK,
« Secrétaire du gouvernement de l'Inde près « le gouverneur général. »

Tel est le résumé des derniers évenements.

Maintenant que va-t-il arriver de ce malheureux pays ? C'est ce qu'il est impossible de prévoir.

En se retirant, les Anglais laissent le pays dans la plus profonde anarchie, et il est malheureusement à croire qu'elle continuera pendant longtemps à déchirer l'Afghanistan.

# TABLE

## DES MATIERES.



## INDEX DES GRAVURES.



**FIN DE L'AFGHANISTAN.**